高等院校公共基础课"十三五"规划教材

Safety Education
for College
Students

大学生
安全教育读本

主　编　◎　尹　彤

华中科技大学出版社
http://press.hust.edu.cn
中国·武汉

内 容 简 介

高校的安全稳定直接影响到社会的安全稳定,高校历来就是社会政治安全稳定的敏感区,是社会稳定的晴雨表。本书内容简单易懂,编排布局合理,共分为十章,包括大学生安全教育总论、国家安全、校园消防安全、校园卫生和饮食安全、大型集体活动安全、大学生健康教育、大学生人身安全、大学生财产安全、大学生交通安全、大学生法律意识等。

图书在版编目(CIP)数据

大学生安全教育读本/尹彤主编.—武汉:华中科技大学出版社,2018.8(2024.8重印)
ISBN 978-7-5680-4554-4

Ⅰ.①大… Ⅱ.①尹… Ⅲ.①大学生-安全教育 Ⅳ.①G641

中国版本图书馆 CIP 数据核字(2018)第 195199 号

大学生安全教育读本
Daxuesheng Anquan Jiaoyu Duben

尹 彤 主编

策划编辑:张　毅
责任编辑:柯丁梦
封面设计:杨玉凡
责任监印:朱　玢

出版发行:华中科技大学出版社(中国•武汉)　　电话:(027)81321913
　　　　　武汉市东湖新技术开发区华工科技园　　邮编:430223
录　排:华中科技大学惠友文印中心
印　刷:武汉市洪林印务有限公司
开　本:710mm×1000mm　1/16
印　张:11.5
字　数:200 千字
版　次:2024 年 8 月第 1 版第 5 次印刷
定　价:39.80 元

本书若有印装质量问题,请向出版社营销中心调换
全国免费服务热线:400-6679-118　竭诚为您服务
版权所有　侵权必究

前　言

随着我国高等教育事业的蓬勃发展和各项改革的不断深化,多层次、多形式的办学格局已经形成,但随着学校规模的不断扩大和数量的不断增加,相应的一系列问题也突显出来。尤其是我国现有的各级各类学校,它们共有两亿多名在校学生,是一个相当大的社会群体,每天都有大大小小的安全事故发生,令人防不胜防。安全是人类社会共同关心的主题,没有安全就没有稳定,没有安全就没有改革,没有安全也就没有发展,素质教育的实施也会随之夭折,所以校园安全在今天来讲显得尤为重要。

"安全第一"的思想不单是社会各行各业的基本要求,更是学校办学的基本需要。安全稳定工作任务重、困难多、压力大;大学生安全知识缺乏,遇险自救能力较差;校园周边环境日趋复杂,社会需求与学生就业矛盾仍然突出。这些问题使高校的安全保卫工作面临着严峻的挑战。

本书紧紧围绕大学生安全知识进行阐述,目的就是通过对安全知识的学习,增强大学生的法治观念,增强辨别是非的能力,提高学生遇险自救和规避风险的能力,确保学生的人身财产安全,确保高校的安全稳定,维护良好的教学科研秩序,营造和谐平安的校园。因此,本书对高校的安全起着很好的指导作用,对社会的稳定有着深远的价值。正是基于这些认识,学院负责安全工作方面的主管领导和保卫部有关同事共同编写了本书,力图为学院做好安全工作提供理论上的支持与实践上的指导。

全书围绕高校安全工作方面常常遇到的问题进行编写,对国家安全、校园消防安全、校园卫生和饮食安全、大学生人身安全、大学生财产安全、大学生交通安全,以及相关的法律法规等问题进行了介绍。全书每个章节的内容既相对独立,又密切联系,反映了学院保卫工作和保障师生安全的辩证关系。特别是"大学生财产安全"这一章,更贴近高校实际,对师生常常遇到的安全问题进行了比较细致的讲解,对如何防盗窃、防诈骗、防抢劫和校园贷等安全问题都进行了说明。

　　本书许多章节图文结合、浅显易懂,具有一定的趣味性,能激发学生的阅读和自学兴趣。相信《大学生安全教育读本》的出版,对进一步做好大学生的安全教育工作有一定的推动作用。

　　本书结合历年来学校安全工作的经验和教训,参考网络及部分书刊上的图片和案例,达到图文结合、简明易懂,为全体师生做好安全防范工作贡献出一份微薄之力。

　　由于本书编者经验和水平有限,书中难免有不妥之处,敬请专家和读者批评指正。

编　者

目　录

第一章　大学生安全教育总论 …………………………………… (1)
　第一节　大学生安全教育 ………………………………………… (3)
　第二节　大学生安全教育的内容和意义 ………………………… (6)
　第三节　大学生安全意识的培养 ………………………………… (9)

第二章　国家安全 …………………………………………………… (15)
　第一节　国家安全概述 …………………………………………… (17)
　第二节　国家安全形势 …………………………………………… (22)
　第三节　维护国家安全 …………………………………………… (32)

第三章　校园消防安全 ……………………………………………… (35)
　第一节　校园火灾的起因与预防 ………………………………… (37)
　第二节　发生火灾时的扑救与逃生 ……………………………… (48)
　第三节　安全用电 ………………………………………………… (51)

第四章　校园卫生和饮食安全 ……………………………………… (55)
　第一节　常见病和传染病的预防 ………………………………… (57)
　第二节　饮食危害的防范与对策 ………………………………… (59)

第五章　大型集体活动安全 ………………………………………… (63)
　第一节　大型集体活动的特点和安全问题 ……………………… (65)
　第二节　大型集体活动的原则和安全对策 ……………………… (67)

第六章　大学生健康教育 ……………………………………… (73)
    第一节　生理健康教育 …………………………………… (75)
    第二节　心理健康教育 …………………………………… (80)
    第三节　体育运动与伤病治理 …………………………… (86)

第七章　大学生人身安全 ……………………………………… (93)
    第一节　防身与自卫 ……………………………………… (95)
    第二节　性骚扰和性侵害的防范与对策 ………………… (98)
    第三节　意外伤害的急救处理 …………………………… (102)

第八章　大学生财产安全 ……………………………………… (113)
    第一节　盗窃的防范与对策 ……………………………… (115)
    第二节　诈骗的防范与对策 ……………………………… (122)
    第三节　抢劫的防范与对策 ……………………………… (132)
    第四节　校园信贷 ………………………………………… (134)

第九章　大学生交通安全 ……………………………………… (137)
    第一节　交通安全常识 …………………………………… (139)
    第二节　乘坐交通工具的安全防范 ……………………… (144)
    第三节　交通事故的防范与对策 ………………………… (149)

第十章　大学生法律意识 ……………………………………… (153)
    第一节　提高大学生法律意识 …………………………… (155)
    第二节　常见的违法犯罪行为 …………………………… (157)

附录 …………………………………………………………………… (165)
    附录 A　普通高等学校学生安全教育及管理暂行规定 … (167)
    附录 B　学生伤害事故处理办法 ………………………… (170)

第一章 大学生安全教育总论

第一节 大学生安全教育

安全,顾名思义,就是人和物受到保障,没有危险,不受伤害威胁,没有事故的状态。人类从诞生的第一天开始,就必须面对安全问题,那时主要是大自然对人类生存所造成的人身安全的威胁,如地震、洪水、火山爆发、动物威胁、疾病等各种危险。随着社会的发展、人类的进步,人类对安全问题的认识和需求也在不断地发展。今天,人类面对的已不仅仅是人身安全问题,还要面对财产安全、社会活动安全等诸多问题。对人类安全的影响除了自然因素外,还有人为因素、社会因素等多种因素,它们均会给人类的安全带来威胁。可以说,安全是人类生存、生活和发展最根本的基础,也是社会存在、发展的前提和条件。

一、大学生安全教育概述

安全伴随着人类历史发展的全过程。人类从历史走来,又向历史走去,在现实生活中无时无刻不将安全作为生存的基础。安全是社会发展的前提,是人类发展的基本保障,在安全与避害方面,古人给我们留下了宝贵的精神和文化遗产,如"祸兮,福之所倚;福兮,祸之所伏""千丈之堤,以蝼蚁之穴溃;百尺之室,以突隙之烟焚""居安思危,防微杜渐""小过不生,大罪不致"等。这些思想对我们正确处理安全方面的问题仍有深刻的启示和借鉴意义。人类的需要有生存需要、安全需要、享受需要和发展需要之分,其中生存需要是人类最易忽略的隐患,给违法犯罪分子以可乘之机,一旦发生问题,往往又不知所措,若处置不当,危害便会加重。

(一)大学生心理成熟滞后,心理安全问题突出

由于生活节奏加快,社会压力加大,以及家庭环境和个人经历等诸多原因,产生心理障碍和心理疾患的大学生日益增多。同时,他们因年轻、单纯、好奇心强,易受不健康文化的诱惑或受"黄、赌、毒"的危害。据某高校学生心理状况测试结果,大学生的心理疾病指标明显高于社会同龄人,这说明大学生的心理问题明显比社会同龄人的心理问题要严重。因此,大学生自身生理、心理的发展和完善也需要安全教育与管理,这是保障他们健康成长、顺利完成学业

的一项重要措施。

（二）对大学生进行安全教育与管理是适应严峻社会治安形势的需要

近年来，经过"严打"整治工作，社会治安形势正在好转，但从另一方面看：治安形势依然十分严峻，各种违法犯罪现象仍呈上升趋势；高校在改革开放的新形势下，与社会整合的面愈来愈宽。高校周边环境更加复杂，学校周围茶楼、酒吧、歌舞厅林立，难免会有社会渣滓、亡命之徒混迹其中，伺机作案。另外，社会中不健康的文化也是毒害学生思想、影响学生身心健康的重要因素。部分学生沉迷于淫秽书籍、影碟和黄色网站而不能自拔，导致精神萎靡，厌恶学习，不求上进，甚至走上违法犯罪的道路。因此，高校必须对大学生进行安全教育与管理，让学生对社会治安的形势有正确的认识和理解，自觉地学习安全知识与技能，做好自身的安全防范工作，从而预防和减少各种违法犯罪案件对学生的侵害。

（三）对大学生进行安全教育与管理是适应学校改革开放的需要

随着院校后勤社会化的逐步深入，市场经济的触角迅速地伸入校园，校园已经由过去封闭的"世外桃源"变为开放型的"小社会"。社会上的服务行业，校园里几乎都有，各类从业人员和消费者（包括学生）参与其中，这使得学校的安全保卫工作更加困难，防不胜防，有的不法之徒伺机作案，学生往往是被侵害的直接对象，人身和财产安全常遭受侵害。因此，加强对大学生的安全教育与管理，让学生有针对性地学习必要的安全知识和法律法规，掌握必备的安全防范技能，增强遵纪守法观念和安全防范意识，提高自我保护能力，预防和减少违法犯罪，具有十分重要的意义。

（四）对大学生进行安全教育与管理是提高大学生综合素质的需要

大学生的安全教育与管理，经过漫长的历史发展，已逐步由低级走向高级，由不成熟走向成熟。今天，大学生安全教育与管理在很多学校进入了课堂。随着我国改革开放步伐的加快，社会经济、文化的快速发展，教育事业的迅猛发展，大学生的毕业就业问题逐步显现，人才市场竞争激烈，用人单位对综合素质高的人才青睐有加，而具有良好的安全意识和一定的安全知识正是大学生综合素质重要指标的体现。从实践上看，全国高校已普遍将安全教育列为新生入学教育的重要组成部分，有关的教育手册、资料日益丰富，大大方便了学生的学习和借鉴。因此,大学生的法律意识和安全防范意识将普遍得到提高。

二、大学生安全教育与管理

(一)以人为本,依法教育

大学生是安全教育与管理活动的主体,是教育与管理的对象和主要参与者。大学生安全教育与管理工作必须以学生为中心,适应学生在校生活、学习、成长的需要,一切教育和管理的内容与方法必须有利于学生健康成长,有利于将学生培养成国家建设需要的合格人才。同时,大学生教育与管理工作还必须以法律、法规为准绳,依法教育,依法管理。

(二)预防为主,教育先行

预防为主,教育先行,是大学生安全教育与管理的基本方针。"隐患险于明火,防范胜于救灾""凡事预则立,不预则废"等名言警句充分说明了预防工作的重要性。在大学生安全教育与管理的过程中,只有做好预防工作,才能最大限度地减少对学生人身、财物的侵害。但是预防工作必须以教育为先导,让学生明确预防工作的目的、意义、作用和方法,重视预防工作。预防工作与技能的传授,需要通过教育来实现,同时安全教育本身就是一种预防措施,在安全防范工作中占有重要地位。

(三)明确责任,管教结合

明确责任,管教结合,即在安全教育与管理过程中,学校要将教育与管理的职能有机地结合起来,建立健全的岗位责任制,将这项工作落到实处。积极组织开展大学生安全教育,普及安全知识,以增强学生的安全意识和法制观念,提高防范能力。严格建章立制,搞好日常防范工作。对于学生中暴露出来的安全问题、事件和事故,要慎重处理,既不能姑息迁就,也不能一棍子打死,要在查清真相、分析准确性、找出原因、分清责任的基础上,本着教育、挽救的精神,合情、合理、合法地妥善处理。

三、大学生安全管理的基本要求

大学生安全管理工作必须依靠高校的各种安全管理规章制度来组织和实

施。安全管理制度是大学生安全管理的行为规范，也是学校组织安全管理的重要依据。高等学校必须建立健全安全管理方面的各项规章制度，如门卫制度，宿舍管理制度，防火安全制度，交通安全制度，公共娱乐场所管理制度，安全实验、实习制度，社团管理制度，等等。在安全管理过程中，大学生既是管理的对象，又是管理活动的主要参与者。大学生的安全管理工作，一方面要依靠公安部门、教育部门和学校教育管理部门的共同努力，另一方面要充分发挥师生员工的主观能动性，依靠师生员工的积极参与和密切配合。因此，学生应当自觉接受各项管理制度的约束，积极参与各项管理活动，自觉遵守各项安全管理制度，并在安全管理活动中做到以下几点：

（1）在日常教学及各项活动中，应遵守纪律和有关规定，听从指挥，服从管理；在公共场所，要遵守社会公德，增强安全防范意识，提高自我保护能力。

（2）组织集体课外活动须经学校同意，按学校规定进行。

（3）严格遵守宿舍管理的规定，自觉维护宿舍的安全与卫生，提高自我管理能力。

（4）发现刑事、治安案件或交通、灾害等事故，应注意保护现场，及时报告学校或公安部门并协助处理。

第二节 大学生安全教育的内容和意义

一、大学生安全教育的主要内容

为避免大学生受到来自校内外的各种不法侵害，防止大学生走上违法犯罪道路，学校应加强大学生安全教育的重视程度。大学生安全教育的内容主要包括安全责任教育、安全知识教育和安全技能教育三部分。

（一）大学生安全责任教育

大学生安全责任教育要明确的是大学生作为教育主体应当承担的安全责任。

（1）我国法律规定，公民年满18周岁就是完全民事行为能力人，除极少数大学生外，绝大部分大学生已满18周岁，具有完全民事行为能力，应依法对自己的行为承担责任。

（2）在预防安全事故、防止危险侵害方面应当作为，以减少危险侵害发生的概率，减轻受到侵害或损伤的程度。

（3）在预防安全事故、防止危险侵害方面应作为而没有作为时，对造成人身伤亡、财产损失等后果应承担处罚责任。

（二）大学生安全知识教育

安全知识的内容非常广泛，遍及所有的行业领域及其各个方面。大学生相关的安全知识，主要包括国家安全、政治安全、交通安全、网络安全、消防安全、人身安全、财产安全、社交安全、公共安全和心理健康安全等方面的内容，基本上涉及大学生活、学习的方方面面，需要大学生学以致用，在日常的实践中加深理解。

（三）大学生安全技能教育

安全技能虽与安全知识在内容上有交叉重叠部分，但不能等同于安全知识。安全知识是基础，安全技能是更高的要求，安全技能包含如下两层含义：

（1）与专业岗位上要求的操作技能相关的安全技能，在生产中避免因违章操作而造成安全事故；

（2）在自然灾害、公共卫生和社会突发安全事件等面前的一般应对能力。

大学生安全技能教育是指第二个层面的内容，主要包括在交通安全、人身安全、公共安全中的避险能力，在消防安全中的灭火与逃生自救能力，面对刺激时的心理承受能力和应变能力。大学生安全技能教育的目的在于提高大学生的自我保护能力，增强保护自己和他人不被伤害的潜意识。应对能力需要通过学习才能获得，更需要通过实践才能得到提高。

二、大学生安全教育的意义

对大学生进行安全教育，其意义十分深远。首先，对大学生进行安全教育是学校教育管理工作的重要组成部分，是各项工作顺利完成的重要基础；其次，对大学生进行安全教育管理是学生素质教育的重要内容，是学生自我教育、自我管理、自我保护、健康成长的重要保证；再次，对大学生进行安全教育是高等学校校园安全工作的一项重要内容。因此，加强大学生的安全教育工作，必将有利于：

(一)增强大学生自我保护的意识和能力,促进其健康成长

在纷繁复杂的社会生活里,无论是为了保护个人的心理平衡和身心健康,还是为了处世、创业,每个人都应具备自我保护的意识和能力。这种意识和能力,主要是通过后天的学习和锻炼形成的。大学生正处于长知识、长才干的黄金时期,接受安全教育与管理,学习安全防范的知识和技能,正是增强自我保护意识和能力的重要过程。通过学习安全防范知识,不仅可以了解和掌握许多生活知识,培养生活自理能力,还可以学会分辨是非,认清良莠,不致随波逐流、误入歧途;不仅可以有效地保护自我,还可以帮助周围的同学和朋友,为建设良好的校风、学风,维护社会治安做出自己的贡献。

(二)增强大学生的法治观念,做到自律、自立、自强,形成正确的人生观、价值观

大学生在学习遵纪守法、预防犯罪等内容时,不仅有助于加深对法律、法规的理解,分清合法与违法、罪与非罪的界限,增强依法治国、依法治校、依法防范的意识,而且有助于对《高等学校学生行为守则》以及校纪校规的理解和掌握,做一个遵纪守法的学生,自觉抵制社会不良风气的影响,做到自律、自立、自强。大学阶段是青年学生人生观、价值观形成的关键时期。大学生的人生观具有鲜明的时代特征,有较大的不稳定性和可塑性。当前,我国正处于社会体制转型期,传统的道德观、价值观体系受到严峻的挑战,有些学生面对纷繁复杂的社会现象,感到迷惑、迷茫,无所适从,渴望寻求正确的符合现实的人生观、价值观。大学生学习安全知识,接受安全教育与管理,正是多层次的、具体的、生动的人生观和价值观教育的重要一环,这对大学生形成正确的人生观、价值观具有重要的启迪作用。

(三)维护大学生的心理健康,促进其身心平衡发展

大学生的心理发展处于渐趋成熟期,他们社会阅历较浅,心理状态还比较稚嫩和脆弱。大学生不仅要面对学习压力,还要面对交友、恋爱、择业等多种困扰。特别是在社会变革的大潮中,许多学生在心理、行为上难以适应,彷徨迷茫,甚至发生越轨行为。例如:一些学生因学习压力大、学习方法不适当而深感苦恼;一些学生因不善于处理人际关系而郁郁寡欢、孤僻多疑;一些学生往往因日常的琐事而大动干戈;一些学生还出现了休学、退学现象,甚至发生

自杀等恶性事件。究其原因,学生的心理自我调节出现问题或心理障碍是引起这些问题的重要因素之一。通过安全教育与管理活动,可以帮助学生克服心理、行为上的适应困难,增强自控能力,学会调控自己的情绪、欲望和言行,协调个人与他人、社会、环境的关系,培养良好的心理素质,促进身心健康、平衡地发展。

> 2004年发生的震惊社会的"马加爵事件",就是云南大学学生马加爵杀害4名同学的一起刑事案件。大学生马加爵由于打牌与室友发生冲突引发杀人事件,引起了社会各界的关注。从心理学角度来看,马加爵情感缺失,具有社交障碍、反社会人格,最后心理扭曲,导致发生了杀人案。因此,大学生的心理健康教育十分重要,必须引起学校、家庭和社会的高度重视。

(四)优化育人环境,促进高校精神文明建设

通过对大学生进行安全教育与管理,使学生的安全防范意识和能力得到提升,在校园形成群防群治网络,使来自社会和校园的不安全因素得到最大限度的遏制,可以有效地发现和制止违法犯罪活动,消除隐患,预防灾害事故的发生,使校园治安环境得到改善。师生们解除了后顾之忧,就能一心一意搞好教学、科研和管理。

第三节 大学生安全意识的培养

安全意识,就是人们在生活、工作、学习等过程中在头脑里建立起来的必须安全的观念,也就是人们对各种各样有可能对自己或他人造成伤害的外在环境条件的一种戒备和警觉的心理状态。那么,大学生应该培养哪些安全意识呢?

一、培养安全意识

(一)面对人际交往的自我保护意识

人际交往是大学生身心发展的需要。对于新入学的大学生来说,大学校

园是一个全新的生活环境。远离父母,远离昔日的老师和同学,来到一个完全陌生的生活环境,这使他们既怀念昔日的亲情、友谊,又渴望新的友谊。这种特殊的生活环境增加了大学生对人际交往的需求。在人际交往的过程当中,自我保护意识是指一方面对他人要真诚,要自尊、自爱,另一方面要认清所交往对象的真实情况,切勿因一时的好奇心或义气而冲动行事。好奇心和对金钱的欲望一样,是永远得不到满足的。

(二)面对突发事件的应变意识

突发事件一般是指难以预料、突然发生、关系安危而超出常规的特殊情况,具有不可预测性和重大危险性。从非典疫情到 H7N9 型禽流感,从北大、清华"2·25"爆炸案到上海商学院发生火灾时 4 名女生跳楼身亡,等等,诸多的突发事件已经进入我们的大学校园,作为一名大学生,应该具备应对事件、避开危险的安全意识。

(三)面对挫折的心理安全意识

心理安全已成为全世界关注的话题。大学生的心理问题已越来越多地影响到他们的生活与学习,有的甚至影响到生命和财产安全。挫折是大学生进步的动力,也是意志薄弱者最大的敌人。大学生在学习、生活、交友情感等方面均不可避免地会遇到各种各样的挫折。因此,大学生要培养应对挫折的心理安全意识。

> 2012 年 7 月 25 日,山东理工大学校园内的小树林里,一名女生上吊身亡。一位早起晨练的老人发现异常后报警并拨打了 120。经医务人员检查,该女生死亡时间应是 7 月 23 日夜间。
> 2011 年 8 月 21 日 6 时 30 分,海南大学 2009 级海洋科学系年仅 20 岁的学生徐某在白沙门海滩喝农药身亡。
> 2012 年 9 月 22 日,贵阳中医学院某女生在所住宿舍楼坠楼身亡。经警方初步调查,死者可能是因感情问题而自杀。

据调查发现,自 2001 年以来,大学生自杀事件逐年递增,可见大学生的心理健康问题有多么严重。

（四）面对灾难的自救、互救意识

当社会飞速发展时，灾难也接踵而至，有的是人为的灾难，有的是自然灾难。自然灾难是人类依赖的自然界中所发生的异常现象，自然灾难对人类社会所造成的危害往往是触目惊心的。世界范围内重大的突发性自然灾难包括旱灾、洪水、台风、海啸、地震、火山喷发、泥石流、森林火灾、农林病虫害等，如图 1-1 至图 1-3 所示。

图 1-1　洪水

图 1-2　台风

图 1-3 地震

2008年的"5·12"汶川大地震给全世界人民留下了惨痛的教训,在重大灾难面前,人们无计可施。但是,良好的自救互救意识和正确的逃生方法却能给人们带来安全。四川省绵阳市桑枣中学,由于平时经常进行紧急疏散演练,在地震发生后,全校2 300多名师生,从不同的教学楼和不同的教室,全部冲到操场,以班级为组织站好,用时1分36秒,无一伤亡。这充分说明了,在突发事件发生时,平时训练有术,关键时刻就能化险为夷。

自然灾难是人与自然矛盾的一种表现形式,具有自然和社会两重属性,是人类过去、现在、将来所面对的最严峻的挑战之一。人类要从科学的意义上认识这些灾难的发生、发展以及尽可能减小它们所造成的危害,已是国际社会的一个共同主题。

(五)面对权益受到侵害的法律意识

有些大学生买东西不要发票,租房子不签合同,找工作经常被用人单位欺骗,这些是法律意识缺乏、维权意识差的表现。作为21世纪的大学生,应该加强法律意识的培养,做一个知法守法的公民,当自己的合法权益受到侵害时,懂得如何用法律来保护自己。

除了培养大学生的安全意识外,还要注意培养安全防范意识、对社会治安形势和校园安全状况的认知及自我管理的自律意识等。

二、掌握安全知识与技能

(一)掌握必要的安全知识

从广义上看,安全有个体安全、公私财物安全、公共安全、国家安全等。大学生个体安全,又包括人身安全、心理安全、学业安全和财产安全。大学生要做好安全防范工作,应掌握的安全知识也是多方面的。只有掌握较多的安全知识并善于在实践中运用,才能使安全防范工作立于主动地位。大学生具体应掌握以下几点安全防范知识:

1. 掌握必要的安全防范知识

围绕人身安全和财产安全主要有被杀害、被拐卖、性侵害、艾滋病、被抢劫、被盗窃、被诈骗、交通事故、火灾事故、各类治安灾害事故、突发公共卫生事件、受教育的权利遭侵害等方面的安全知识。

2. 掌握相关的基本安全知识

大学生的安全离不开人身安全、公私财物安全、公共安全和国家安全。大学生作为国家培养的人才,在掌握必要的安全防范知识的基础上,还应懂得维护国家安全、社会稳定的安全知识,维护公共安全、社会主义市场经济秩序、社会管理秩序的安全知识,保护公民人身、财产的安全知识,预防突发事件的安全知识等。只有这样,大学生才能在更高层次上自觉主动地做好防范工作。

(二)提高自我安全保护能力

自我安全保护能力,是指通过学习和掌握一定的法律、安全知识和防范技能,使自己的生命、财产避免危险,消除威胁,防止事故。或者说,一旦自己的生命或财产遇到危险、受到威胁、发生事故时能使自己的生命或财产得到适当的保护,将损失减少到最低限度。

大学生在自我素质塑造中必须着眼于自我安全保护能力的提高。

1. 没有自我安全保护能力,就难以应付严峻、复杂的社会治安形势

俗话说"天有不测风云,人有旦夕祸福",不用说人的一生中,就是短暂的几年大学生活中是否会遇到什么意外和不测,也是难以预料的。各种社会危害和不法侵害总是不期而至。一些大学生因缺乏自我保护能力,往往在危险、威胁降临时束手无策,坐以待毙。

2. 没有自我安全保护能力,将难以完成学业

要确保大学生的人身、财产安全,除了外界因素外,最根本的就是大学生要提高自我安全保护能力。从以往受犯罪分子侵害、自然灾害等各种意外伤害造成一些大学生因伤亡而废弃学业的惨痛教训看,许多不幸其实是可以避免的。之所发生悲剧,就是因为一些大学生缺乏自我安全保护能力。

3. 没有自我安全保护能力,就不可能大有作为

要干一番事业,要在社会风浪中搏击,要有所作为,就必然会遇到难以想象的艰难和险阻,只有不断提高自我安全保护能力,才能在前进的征途中化解一个又一个危险和威胁,否则将一事无成。

(三)如何提高自我安全防范能力

1. 要加强法律、安全知识的学习

大学生自我安全保护能力的强弱、大小,很重要的一个方面,取决于自己对安全知识掌握的多少和能否正确运用。因此,大学生要提高自我安全保护能力,就要加强学习,尽可能多地掌握安全知识。这样,在遇到不法侵害或意外伤害时,才能做出正确的分析和判断,知道怎么做才能化险为夷。

2. 要勇于参与社会实践和锻炼

要着眼于对安全知识的实际运用,注重在学习、生活、实践中有意识地锻炼、提高自我安全保护能力,逐渐使自己成为安全防范方面的强者。

3. 要善于总结

通过自身和他人的教训使自己变得聪明起来,尽可能在少走弯路、少交"学费"的情况下,使自己的安全防范能力得到提高。

第二章
国家安全

DIERZHANG

第一节　国家安全概述

国家安全是安邦定国的重要基石,维护国家安全是全国各族人民根本利益所在。实现中华民族伟大复兴的中国梦,保证人民安居乐业,国家安全是头等大事。

一、国家安全的含义

国家安全就是一个国家处于没有危险的客观状态,也就是国家既没有外部的威胁和侵害又没有内部的混乱和疾患的客观状态,这是国家安全的基本含义。

第一,国家安全是国家没有外部的威胁与侵害的客观状态。

所谓外部的威胁与侵害,大致可分为外部自然界的威胁和侵害与外部社会的威胁和侵害两大类,但由于国家安全是一种社会现象,国家的外部威胁和侵害主要是指处于一国之外的其他社会存在对本国造成的威胁和侵害。从威胁和侵害者来看,这种外部威胁和侵害包括:①其他国家的威胁;②非国家的其他外部社会组织和个人的威胁,如某些国际组织或地区组织对某国的威胁和侵害;③国内力量在外部所形成的威胁和侵害,如国内反叛组织在国外从事的威胁和侵害本国的活动。

第二,国家安全是国家没有内部的混乱与疾患的客观状态。

危及国家生存的力量不仅来源于一个国家的外部,而且还时常来源于一个国家的内部。国内的混乱、动乱、骚乱、暴乱,以及其他各种形式的疾患,都会危害到国家生存,造成国家的不安全。因此国家安全必然包括没有内部混乱和疾患的要求。仅仅是没有外部的威胁和侵害,国家并不一定就会安全。

第三,只有在同时没有内外两个方面的危害的条件下,国家才安全。因此,只有这两个方面的统一,才是国家安全的特有属性。

二、国家安全的原则

国家安全的原则主要有以下几点。

第一,确立国家与民族崛起的基本目标。

第二,采取综合一体化的手段。

第三,新安全观包括主权安全、综合安全和合作安全。国家享有主权,包括独立权、管辖权、平等权、自卫权。国家综合安全包括政治安全、经济安全、社会安全、信息安全等,经济安全是国家综合安全的核心,军事安全是国家安全的支柱。

第四,解决经济发展与国家安全脱节的问题。

第五,树立独立发展理念,为"全球化"条件下的民族国家定位。

三、总体国家安全观

2014年4月15日,习近平总书记主持召开中央国家安全委员会第一次会议并发表重要讲话。他强调,要准确把握国家安全形势变化新特点新趋势,坚持总体国家安全观,走出一条中国特色国家安全道路。习近平指出,要构建集政治安全、国土安全、军事安全、经济安全、文化安全、社会安全、科技安全、信息安全、生态安全、资源安全、核安全等于一体的国家安全制度体系。

国安才能国治,治必先治安。保证国家安全,是完善和发展中国特色社会主义制度,推进国家治理体系和治理能力现代化的有机组成部分。国家安全,必须在国家治理的大背景下来思考和筹划,必须以安全治理作为基本路径来维护和保障。坚持总体国家安全观,体现在治理实践上,就是推进国家安全总体治理;走出一条中国特色国家安全道路,就是安全各领域、各要素、各层面统筹治理,创建当代中国国家安全治理系统格局。

(一)总体国家安全观的特征

总体国家安全观是新形势下党中央对我国面临的各种安全问题和安全挑战的系统回应,是马克思主义时代化、中国化在安全领域的最新体现,具有系统性、全面性、持续性三个重要特征。

1. 系统性

总体国家安全观揭示了国家安全的整体性,即与国家安全相关的方方面面是相互联系的一个整体。例如,国家的政治安全同国土安全密切相关,领土不完整,国家就无政治安全可言。再如,要实现经济安全,不但需要以政治安全、军事安全和社会安全为前提,而且需要以科技安全、网络安全和资源安全为支撑。事实表明,不同领域的安全是相互联系、相互影响和相互作用的。

总体国家安全观要求"既重视外部安全,又重视内部安全",蕴含的是一种系统性战略安排。例如,恐怖主义所导致的安全问题既是内部安全问题,也是外部安全问题。这类安全问题所体现的境内与境外安全威胁的交织,是当代主权国家所面临的典型的全球性问题。

从系统的角度看,传统安全与非传统安全相互联系、相互影响,并在一定条件下相互转化。例如,国家间的政治军事对抗是传统安全问题,而这种对抗所引发的货币战、贸易战、能源冲突则是非传统安全问题。另一方面,发展与安全也存在相互联系与相互影响。例如,社会不稳定,金融体系就会发生危机,科技不安全,发展就会出问题;发展出问题,社会就可能不稳定,国防力量的建设就会受影响,安全就会出问题。国家必须统筹兼顾,处理好它们的关系,以发展为本,以安全保发展,以发展促安全。总体国家安全观要求"既重视自身安全,又重视共同安全",与我国面临的外部安全环境密切相关。我国所面对的安全问题,很多是全球性问题,或者是与别国利益相关的问题,如生态恶化、资源枯竭。这些问题都不是我国可以独自解决的,必须开展国际合作,参与全球治理,谋求共同安全。

2. 全面性

相比以前的安全观,总体国家安全观更具全面性。它所涵盖的领域,既包括政治安全、国土安全、军事安全等传统安全领域,也包括经济安全、文化安全、社会安全、科技安全、网络安全、生态安全、资源安全、核安全和海外利益安全等非传统安全领域。随着时代的进步,总体国家安全观的内涵将不断丰富,外延将不断拓展,同时还出现了太空、深海、极地等新的安全领域。

对于影响安全的因素,按照总体国家安全观的要求,既要关注战争冲突、政治颠覆、情报窃密、分裂破坏、恐怖袭击、文化渗透等人为因素,也要关注地缘环境、气候变化等自然因素;既要关注国际局势、时代主题、经济转型等宏观因素,也要关注实现安全的各种具体因素。

对于实现国家安全的途径,总体国家安全观强调工作体制机制和法制的建设,这就涉及军事、政治、外交、情报等领域的工作机构和相关法律制度,同时也要求经济、文化、教育、社会等领域建立相应工作机制;既重视军事攻防、情报保障、外交活动等硬手段,也重视经济发展、社会和谐、文化交流、科技进步等软手段。

强调国内安全问题,也体现了总体国家安全观的全面性。当前国内各种社会矛盾和安全问题越来越突出,如果不重视国内安全问题,那么对国家安全的理解就是不全面的。综合考量内部和外部安全,是总体国家安全观作为一种"大安全观"的重要体现。

3. 持续性

总体国家安全观的持续性,首先体现在实现国家安全的总体设想上,即国家谋求安全,不是权宜之计,而是为了长治久安。国家所面临的安全问题短期内不会消失,甚至可能会发生复杂变化,因此维护安全必定是一个持续的过程。这个过程不但要治标,也要治本;不但要有现实的应对措施,也要有后续手段;不但要着眼于眼前,也要立足于长远。

追求国家安全状态的可持续性是总体国家安全观的重要目标。统筹现在和未来的国家安全工作,实现国家安全状态的可持续,就不能只是被动应付,而必须有前瞻性地针对各种安全问题,开展机制化和常态化的治理。总体国家安全观的持续性,也体现在对可持续发展的重视。发展是安全的基础,要实现可持续安全,就必须实现可持续发展。总体国家安全观重视生态安全和资源安全,强调正确处理经济发展与生态环境保护的关系,主旨都是要以可持续发展促进可持续安全。

(二)坚持总体国家安全观的原则

国家安全工作能不能掌握主动权、迈上新高度,道路选择是关键。走中国特色国家安全道路,是顺应国家安全形势新变化,创造国家安全工作新局面,推进国家治理体系和治理能力现代化的迫切需要。

1. 坚持党对国家安全工作的绝对领导

中国共产党是中国特色社会主义事业的领导核心。国家安全工作既是中国特色社会主义事业的重要组成部分,也是中国特色社会主义事业的坚强安全保障,坚持党对国家安全工作的绝对领导,必然成为国家安全工作必须遵循的根本政治原则。党的领导是中国特色社会主义制度的最大优势。党对国家安全工作的绝对领导是社会主义制度的必然政治要求,是维护国家安全和社会安定的根本政治保证,关乎社会主义的前途命运,关乎国家的长治久安,关乎"两个一百年"奋斗目标的顺利实现。

2. 坚持国家利益至上

国家利益是指一个主权国家在国际社会中生存需求和发展需求的总和。国家利益可以分为核心利益、重大利益和一般利益,也可以分为整体利益、局部利益,等等。国家利益反映的是国家作为整体的需求,因而往往具有至高无上的特点。同时,国家针对不同层次的利益,通常会作出不同性质的反应,并采取不同性质的行动。例如,核心利益是国家最高层次的利益,涉及这种利益的问题,国家在国际谈判中是不可以让步的。在国家关系中,无论是一个国家界定自身利益,还是评估别国的利益,最重要的都是判定什么是生死攸关的利益。对于这样的利益,属于自己的要坚持到底。坚决捍卫国家利益是国家安全工作的根本使命,国家利益意识不强,国家安全战略就容易迷失方向,国家安全工作就会失去合力。

3. 坚持以人民安全为宗旨

人民安全是国家安全最核心的部分,其他安全都应统一于人民安全。人民安全高于一切,是总体国家安全观的精髓所在。国家安全依靠人民、服务人民是历史的必然选择。人民安全高于一切,是唯物史观和党的性质宗旨在国家安全领域的必然要求和集中体现。人民群众是维护国家安全最为可靠的力量源泉。要从人民群众那里获得力量,就必须为人民群众谋取实实在在的利益,进而赢得人民群众的信任。保障人民安全是国家安全工作的根本任务,这是我们党的先进性决定的,也是社会主义民主政治建设要求决定的。做好国家安全工作,其根本任务就是全方位保障人民安全,即维护人民的根本利益,保障人民当家作主的各项权利,为人民创造良好的生存发展条件和安定的工作环境,保障人民的生命财产安全和其他合法权益。只有坚持群众路线,才能保证国家安全决策的科学性,才能将国家安全决策转化为人民群众的实践力量。

4. 坚持共同安全

全球化深入发展意味着,国与国之间利益交织、彼此关切,形成深层次的相互依赖。任何国家都不可能脱离世界而实现自身安全,也不可能将自身安全建立在其他国家不安全的基础上。以习近平同志为核心的党中央审时度势,与时俱进地提出"共同安全"的理念,是对当今世界主要安全问题和共同安全利益的准确把握,是维护自身安全与国际安全的重要举措。共同安全意味着安全是双向的,不仅自己安全也要保证其他国家安全。在国际社会中,虽然国家实力强弱不同、意识形态和政治制度各异、利益诉求存在差别,但每个国家都是平等的成员,在安全互动中都是利益攸关方,是相互依赖、休戚与共的关系。坚持共同安全是走中国特色国家安全道路的必然要求。

5. 坚持促进中华民族伟大复兴

实现中华民族伟大复兴的中国梦,就是要实现国家富强、民族振兴、人民幸福。当代中国正处于关键而又特殊的阶段,把国家安全工作放到中华民族伟大复兴的历史征程中加以领导和运筹,是中国特色国家安全道路的基本发展方向。维护国家安全是中华民族伟大复兴的重要保障。中国梦是发展的梦,对内求发展、求变革、求稳定。中国梦的实现是与世界和平发展紧密联系在一起的,对外求和平、求合作、求共赢。实现中华民族伟大复兴,保证国家安全是头等大事。在这一历史进程中,要始终高度警惕国家被侵略、被颠覆、被分裂的危险,始终高度警惕改革发展稳定大局被破坏的危险,始终高度警惕中国特色社会主义进程被打断的危险,始终不渝地坚持走中国特色的国家安全道路。

第二节 国家安全形势

传统安全威胁与非传统安全威胁相互交织,是我国安全面临的严峻形势。当前,我国不仅依然面临着政治、军事、外交等传统安全威胁的挑战,而且面临着恐怖主义、跨国犯罪、环境污染、自然灾害、严重传染性疾病等非传统安全威胁。"台独"等分裂势力的存在,东海、南海等周边又存在着一些复杂而敏感的历史问题和现实问题,我国安全形势面临的不稳定、不确定因素增多。

国际因素和国内因素互动增强,是我国安全问题的时代特点。在对外开放不断扩大和经济全球化、信息网络化不断发展的过程中,我国与世界各国的联系日益紧密,境内外人员和信息流动日益增多、加快,一些国内问题处理不当就可能演变为国际问题,一些国际问题传导到国内也可能诱发社会稳定问题,维护国家安全的复杂性增大。

随着时代的进步国家利益不断拓展,我国加快发展中出现不容忽视的新安全问题。我国经济与世界经济融为一体,能源和其他一些重要战略资源的对外依存度上升。我国海洋专属经济区和大陆架的保护与利用、海上通道安全、太空安全与信息安全、海外重要资源产地安全,以及海外同胞和华人财产生命安全等面临的威胁,已经十分现实地摆在我们面前。

一、我国周边安全环境概况

我国的陆海邻国众多,陆地邻国有14个,分别是俄罗斯、蒙古、哈萨克斯坦、吉尔吉斯斯坦、塔吉克斯坦、阿富汗、巴基斯坦、印度、尼泊尔、不丹、缅甸、老挝、朝鲜、越南;海上邻国有9个,分别是韩国、日本、菲律宾、马来西亚、文莱、印度尼西亚、新加坡、越南、朝鲜。其中,越南、朝鲜既是陆上邻国又是海上邻国。

这些邻国中,有些过去曾经对我国发动过侵略战争,现在仍是经济大国,并正在成为军事强国。一些邻国之间存有积怨,甚至对立,一旦它们之间发生冲突,必将影响我国的边境安全。有的国家内部不稳定因素多,一旦发生内乱,将对我国边境安全造成压力。有的国家居民与我国边境居民同为一个民族,有的国家居民与我国某些地区居民信奉同一宗教,积极因素是有利于我国边境居民与邻国居民友好往来,改善国家之间的关系,但也存在消极因素。还有一些国家,与我国之间存在着历史遗留下来的边界领土争端和海洋划界争议。随着这些不同因素的变化,将对我国安全环境产生不同的影响。

我国安全环境的外部影响,主要来自陆、海两个方面。历史上,美国、苏联曾分别从海上和陆上对我国施加过影响。苏联解体后,俄罗斯仍是世界上最大的陆地国家。美国和俄罗斯对欧亚大陆具有全局性影响。

日本、印度是我国周边地区的两个重要国家,是构成我国地理环境的重要因素。日本资源缺乏,对海外资源和海外市场的严重依赖性是它的显著特点。在近代,日本经历了50年的侵略扩张和对美国的依附。甲午战争至第二次世界大战结束以前,日本军国主义积极推行侵略扩张政策,主要是向亚洲大陆扩张。第二次世界大战结束后,美国控制世界海洋,日本转而依附美国,充当美国在太平洋的前沿堡垒。冷战结束后,日本继续追随美国,变化了的国际形势曾为日本提高国际地位提供了难得的机会,日本注重将经济、科技、金融优势转化为政治和军事影响力,积极开拓战略空间。

印度人口众多,是一个依陆面海的大国。从地理条件来看,印度北面被崇山高原带阻隔,其半岛却深入印度洋,陆地上的隔绝与海路上的通达,形成鲜明对照。所以,"由陆向海"是印度关注的战略发展问题。印度的地理条件较为优越,周边邻国主要是中小国家。我国是直接与印度毗邻的唯一大国,两国虽然存有边界争议,但是中印分别面对太平洋和印度洋两个不同的方向,同时受到青藏高原的阻隔,地理上的矛盾是有限的。

东南亚、中亚是我国周边的两个重要地区,也是我国陆、海两面的两个枢纽地区。这两个地区的形势稳定与否,对我国的安全和经济发展具有重要影响,在通道、资源、安全等方面都有重要战略意义。在交通方面,东南亚是连接亚洲与大洋洲,沟通印度洋和太平洋的"十字路口",控制太平洋到印度洋的主要水上航线。中亚地区处于东亚、西亚、南亚和北亚的地理连接点上,是连接欧亚大陆以及我国、俄罗斯、欧洲、中东、南亚各地陆路连接的枢纽。在资源方面,东南亚有丰富的战略资源,锡储量占世界的60%,橡胶年产量占世界的80%以上,矿产资源丰富,石油和稻米出口量较大。在安全方面,东南亚邻接我国的东南沿海与西南地区,是影响我国南部安全的重要方向。贯穿东南亚的海上战略通道对日本有重要的意义,对美欧各国的航运也有重要的影响。中亚地区与我国新疆、西藏等地接壤,该地区的形势与我国西北边疆的安危密切相关。随着上海经济合作组织的建立,我国与中亚各国建立了平等合作的友好关系,将对这一地区的安全环境产生有利影响。

二、新形势下的国家安全形势

随着国际形势深刻演变、国家利益全方位拓展和国内经济社会持续转型,我国面临的安全威胁日趋复杂。

(一)霸权主义威胁

美国把中国视为称霸全球的战略竞争对手,持续推进印太战略,加大对中国的战略防范和牵制力度,对中国的国家安全构成严峻挑战。

美国在巩固传统盟友的同时,与印度、越南、蒙古等国建立密切关系;向缅甸、柬埔寨、老挝等国进行意识形态渗透,努力构筑对华政治"隔离墙";利用中国同周边国家的矛盾,在钓鱼岛和南海问题上不断炒作危机、放大冲突,掣肘中国的和平发展。

美国加大西太平洋军事部署力度,将兵力从一线岛链向二、三线岛链转移,"前沿存在"规模维持在10万人左右,计划将更多力量部署到亚太;增强在关岛、澳大利亚、印度洋、夏威夷、塞班岛等地的军事存在,将布兵重点转向东南亚;将新型核动力航母、F-22和P-35战斗机、濒海战斗舰等部署到中国周边,加快构建一体化战略预警体系、战场监视体系、联合作战指挥体系、联盟作战力量体系和地面反导体系,确保形成"在必要时刻能够迅速应对的能力"。

美国注重与地区盟国的双边、多边军事合作,以便随时组成一体化作战联盟,重点推进美日韩、美日澳、美日菲、美日印等多边合作。不断强化亚太安全体系,与越南、马来西亚、印度尼西亚、缅甸等环太平洋非盟友国家建立紧密军事关系,不断强化与印度、马尔代夫等环印度洋非盟友国家的防务关系,承诺进一步加强国防合作和海洋政策协调。

随着中国经济的快速发展,以美国为中心的贸易规则面临中国的质疑和挑战。美国指责中国以"一带一路"和"亚投行"为标志的新经济外交正在挑战国际经济规则和秩序。同时，美国政府还频繁对中国发起贸易案件诉讼，屡屡设置经济技术壁垒，迅速通过了拖延多年的《美韩自由贸易协定》，并不断运用经济援助等手段与中国争夺周边国家，以阻碍中国经济的发展。

（二）海上安全威胁

1. 台海局势存在逆转风险

台湾将大陆视作"主要军事威胁"，把武力作为维持台岛现状的重要工具。一方面，调整兵力结构，强化军事演练，大力提升自制和外购武器装备水平，重点针对大陆的不对称战力建设，企图以此作为抗衡资本；另一方面，与美国保持安全战略高度一致，接受来自美军的制度设计与作战规划，并与美方联合建构情报交流机制和亚太区域侦察体系，逐步走向情报、组织与作战一体化。

2. 南海斗争形势复杂严峻

南海斗争复杂化、国际化和长期化。美国插手南海事务，频繁攻击中国，妨碍南海"航行自由"和威胁海上通道安全，反复质疑"九段线"的合法性和正当性，支持东盟各国与中国对抗，加大在南海武装巡逻和对中国抵近侦察力度，多次与中国形成军事对峙。日本寻求将"两海问题"联动起来，对中国进行侧翼牵制。印度坚持"东向"战略，在经济和战略上不断向东南亚靠近，注重与越南开展能源和军事合作，企图借机增强存在和获取实利。

3. 海上通道安全问题凸显

随着我国国家利益向海外拓展，海上战略通道安全已经成为影响我国经济发展的关键因素。近年来，美军加大在马六甲海峡附近的存在；印度加快建设安达曼－尼科巴群岛军事设施；越南宣布设立"潜艇伏击区"等，均对我国海上运输构成重大威胁。我国还在中东面临霍尔木兹海峡问题，我国石油进口严重依赖中东地区，其中有相当部分要经过霍尔木兹海峡，由于伊朗与美国不时爆发对峙，对我国能源安全产生极大影响。美国在印度洋打造地区军事力量投射基地，企图截断我国海上交通和丝绸之路经济带；印度企图利用在印度洋的地缘优势，限制我国海军进入印度洋。

（三）陆上安全威胁

冷战后，在多种因素的作用下，我国陆上周边的热点问题日益突出，国家间关系更加多变。

1. 边界领土争端依然存在

中印边界全长约 1700 千米,分为东、中、西三段,涉及争议区面积近 13 万平方千米。印度继续收留"藏独"势力,不断强化边境军力,频繁进行越界侦巡和渐进蚕食,导致双方武装对峙事件屡有发生。中不边界全长约 550 千米,争议区总面积约 1200 平方千米。由于不丹的防务处于印度的控制之下,因此中印边界领土争议影响我国至今未与不丹建立正式外交关系。

2. 朝鲜半岛问题存在变数

朝鲜半岛危机重重,各方力量博弈导致地区局势不断升级。朝鲜的核试验与导弹试射、韩国部署萨德系统、美韩军事同盟压力外溢,导致东北亚地区推动协商与合作的趋势发生严重逆转。

三、面向新世纪的国家安全战略

21 世纪,和平与发展依然是时代的主题。然而必须看到,和平中潜伏着动荡和不安,合作中交织着对抗与冲突。环顾全球风云,霸权主义推行新的"炮舰政策",企图构筑恃强凌弱的单极世界;静观两岸局势,"台独"势力挟洋自重,日益构成对国家统一和主权完整的现实威胁;经济全球化在给我们带来发展的大好机遇的同时,其对国家安全的负面作用也日益显现。面对多元的、综合性的安全威胁,在 21 世纪我们应该树立什么样的安全观念,采取什么样的安全战略,将直接关系到中华民族的全面崛起和复兴。

党的十六大报告中明确提出了中国新世纪"实现推进现代化建设、完成祖国统一、维护世界和平与促进共同发展"这三大历史任务。这是历史和时代赋予我们党的庄严使命,也是新世纪国家的大战略目标。努力创造经济持续发展、国家安定团结以及外部良好生存环境的条件,保证国家战略目标的实现是新世纪国家安全战略的核心内容。具体来讲,中国新世纪的安全战略应着重体现在以下几个方面。

(一)以新安全观作为国家安全战略的根本指导方针

人类曾经历过无数次战争,最近 100 年更是经历了两次世界大战和 40 年冷战的磨难。历史证明,武力不能从根本上解决矛盾和争端,以行使武力或以武力相威胁为基础的安全观和体制难以营造持久和平。人们普遍要求摒弃旧的观念,以新的方式谋求和维护安全。

近年来的成功实践证明,中国所倡导的新安全观是维护国家安全、地区安全乃至世界和平与稳定的有效途径。中国新安全观的核心是"互信、互利、平等、协作"。互信,是指超越意识形态和社会制度异同,摒弃冷战思维和强权政治心态,互不猜疑,互不敌视;互利,是指顺应全球化时代发展的客观要求,互相尊重对方的安全利益,在实现自身安全利益的同时,为对方安全创造条件;平等,是指国家无论大小强弱,都是国际社会的一员,应相互尊重,平等对待,不干涉别国内政,推动国际关系的民主化;协作,是指以和平谈判的方式解决争端,并就共同关心的安全问题进行广泛深入的合作,消除隐患,防止战争和冲突的发生。中国倡导的新安全观是一种与时俱进的全新的安全观念,它反映了世界上多数国家,特别是广大发展中国家的利益和要求,适应了国际关系民族化的历史潮流,是一种具有普遍意义的安全观。由于国际关系民主化是不可抗拒的历史潮流,中国倡导的新安全观必将成为未来国际社会的主导性安全观念,并由此奠定中国全面崛起的重要理论基础。

(二)坚持独立自主的和平外交政策,维护国家主权安全

自中华人民共和国成立以来,中国就以独立自主的政治大国姿态屹立于世界的东方。从毛泽东以来的中国各代领导人,都把独立自主作为对外政策的基本准则。中国坚持维护自己独立和主权,坚持自己的发展道路,同时又尊重别国的独立和主权,尊重别国人民的选择。"上海合作组织"的成立是中国倡导新型国家关系的最好见证,它不仅对增进中国、俄罗斯、哈萨克斯坦、吉尔吉斯斯坦、塔吉克斯坦、乌兹别克斯坦六国之间的睦邻友好合作、维护地区安全与稳定发挥了重要作用,同时更对 21 世纪国际社会摒弃冷战思维,探索新型国家关系、新型安全观和新型区域合作模式提供了宝贵的经验和启示,在国际上产生了积极影响。

独立自主不等于闭关自守,在相互尊重主权独立的基础上,中国积极发展与一切友好国家之间的交流和合作。中国应继续坚持"与邻为善、以邻为伴"的方针,开展全方位的外交:进一步加强同第三世界国家的团结与合作;在和平共处五项原则的基础上,改善和发展同发达国家的关系;要努力提高对外开放水平,面对经济、科技全球化趋势,以更加积极的态势走向世界,完善全方位、多层次、宽领域的对外开放格局;不仅要与各国建立友好合作关系,而且要与各政党建立多种联系;不仅要与各国政府建立和发展关系,而且也要同各国议会建立和发展关系;不仅与官方建立和发展多方面关系,而且要与民间开展多渠道的交往;在平等互利的基础上,同世界各国和地区广泛开展有贸易往

来、经济技术合作和科学文化交流。总之,新世纪的中国将沿着自主合作的道路,与世界其他国家共同走向发展与繁荣。

(三)全面提高综合国力是有效维护国家安全的根本

维护国家的安全要有强大的军事力量,但是单靠军事力量并不能保证国家的长治久安。而且如果片面追求强大的军事力量,结果可能适得其反。第二次世界大战结束后,美国、苏联冷战40多年,两个超级大国的常规军备竞赛和核军务竞赛愈演愈烈,军事力量特别是核力量似乎成了国家实力的唯一标志。军备竞赛的结果是两个超级大国背上了沉重的包袱,最后造成"一死一伤"的局面。冷战结束后,各国都吸取了美苏冷战的教训,把注意力集中到以科技为先导,以经济建设为重心,以军事力量为后盾的综合国力竞争上来。可以预言,21世纪的国际竞争主要是综合国力的竞争,尤其是高科技和人才的竞争。不断增强综合国力,才是确保国家长治久安的万全之策。

改革开放40多年来,中国综合国力显著增强,经济总量已居世界前列,但是,科技、教育、卫生、文化、社会事业的发展却相对滞后,综合国力与西方发达国家相比还有很大差距。为实现全面建设小康社会这一新世纪的宏伟目标,就要坚持以人为本,树立全面、协调、可持续的发展观;就要深化改革,完善社会主义市场经济体制;就要着力解决经济社会发展中的一些突出问题。可以预见,随着改革开放的不断深入,综合国力的不断提高,中国维护国家安全以及地区与世界和平的能力将会越来越强。

(四)构建周边安全机制,营造睦邻友好环境

目前,中国与周边国家在建立安全机制方面已经取得了一定的成绩。由中国发起并组织成立的"上海合作组织",不仅有效维护了这一地区的和平与稳定,促进了六国间睦邻友好、平等信任、互利合作关系的进一步发展,而且对维护亚太地区乃至世界的和平、安全与稳定提供了一种不同于冷战思维的安全模式,为增进国家间的相互信任开辟了一条有益的途径;中国还积极参与"东盟地区论坛"的活动。在经济领域,通过东盟与中日韩(10+3)和东盟与中国(10+1)合作框架,有力地推动了中国与东盟经济贸易关系的发展。2002年中国和东盟签署《中国-东盟全面经济合作框架协议》,提出到2010年建立中国与东盟自由贸易区。2003年10月,中国加入了《东南亚友好合作条约》,成为第一个加入该条约的非东盟国家,双方决定建立"面向和平与繁荣的战略伙

伴关系"。中国与东盟关系的发展对本地区的和平、发展与合作具有重要战略意义,为世界的和平与发展也做出了积极的贡献。东北亚是世界上最重要又是最复杂的地区之一,对中国安全利益具有极其重要的意义,中国积极参与该地区安全机制的建立,以积极的态度表明了中国对在该地区开展安全合作的意愿和决心。特别是在"朝鲜核危机"问题上,通过中国的大力斡旋,有关各方保持了克制的态度,并坐在一起共同寻求通过政治手段解决危机的途径,避免了矛盾的激化。

在安全机制化方面我们还有很多的工作要做,这也是中国今后要努力加强的方面。建立周边安全合作机制应遵循以下原则:一是要尊重亚太地区的多样性,互信是实现安全合作的前提,而相互尊重则是互信的必要条件;二是必须把和平共处五项原则作为建立安全机制的基本准则,要承认国家不分大小、强弱、贫富,都有平等参与亚太地区安全事务的权利;三是采取协商一致的原则,多边安全合作机制建立的目标是谋求区域内所有国家的共同安全,途径是通过对话与合作建立信任。要实现这一目标,贯彻协商一致和求同存异的原则特别重要,也是安全机制能否得以建立的关键。

(五)积极参与和改造国际体系,推动建立国际政治经济新秩序

现行的国际秩序是第二次世界大战结束后,由美国、苏联、英国等国在《雅尔塔协定》的基础上建立起来的。它是大国之间相互斗争与妥协的产物,这是造成国际关系中长期存在不平等、不公正、不合理等现象的主要根源。早在20世纪五六十年代民族解放和民族独立运动高涨时期,亚非拉新兴独立国家就提出了反对国际旧秩序的进步主张。但由于当时的历史条件所限,客观条件尚不成熟,因此收效甚微。到了20世纪80年代末、90年代初,世界格局发生了巨大变化,建立国际经济政治新秩序的问题提到议事日程上来。美国从它的全球战略出发,以海湾战争为契机,在西方世界首先提出了建立"世界新秩序"的构想,意图确立美国在世界范围内的主导地位,联合西方大国主宰国际事务,以美国和西方的社会制度及价值观念改造世界。日本、西欧各国也探讨和研究这一问题,它们与美国在基本立场上相同,分歧在于"新秩序"的主导权是由美国独享,还是由西方"共管"。

20世纪80年代末,中国也提出了自己关于建立世界政治经济新秩序的主张。中国主张应该以和平共处五项原则为基础建立国际新秩序,因为它概括了最根本的国际关系准则,也符合《联合国宪章》的宗旨和原则,反映了新型国

际关系的本质特征。中国提出的世界政治经济新秩序主张,符合和平与发展的时代潮流,符合世界多极化、多样化的发展趋势。和平共处五项原则具有强大的生命力,在历史上是经得起考验的,在当今世界也正为大多数国家所普遍接受,其基本精神必将成为国际新秩序的行为规则。

四、新兴领域的国家安全

太空、深海、网络、极地、人工智能等领域高新技术的迅猛发展,使得传统国家安全的"领域"与"利益"大大拓展。博弈与角逐的战场已经向着新兴领域延伸。美国等发达国家为占有新兴领域战略高地,进行了一轮又一轮的明争暗斗。美国一些专家提出了"全球公域"的概念,掀起了新一轮全球公域"圈地运动",其霸权行径昭然若揭。美国把全球公共区域或空间,当作其21世纪安全战略的重中之重,悄然把军事力量部署在这一领域。英国、法国、日本、俄罗斯、印度等国也纷纷效仿美国,纷纷把占据新兴领域战略高地,作为赢得未来战争主动权的关键。

(一)太空

太空作为赢得未来战争优势的战略高点,成为大国激烈博弈的新舞台。

在陆、海、空、天、电、网多个作战维度中,谁控制了太空,谁就能占据多维作战空间制高点,就可牢牢把握感知、认知、决策优势。美国等发达国家竭力为本国争夺太空创造条件,载人航天、卫星发射、反导、登月及火星探索层出不穷。研发太空"利器"、锻造太空"精兵",构建军事航天力量体系。太空领域成为各国争夺全球优势的战略高点:一是不断推出并完善太空战略;二是紧锣密鼓组织太空技术研发;三是太空作战力量已成功运用到实战;四是不断强化太空作战力量建设;五是强化太空新型力量实战化训练。

(二)深海

深海开发作为赢得未来战争优势的战略基点,成为各国明争暗斗的新焦点。

众所周知,海洋是世界战略资源的重要基地。深海油气资源、可燃冰、砂矿,等等,储量之大远超当今人类需求。从而引发各国不断上演"蓝色圈地"运动。岛屿归属、专属经济区与大陆架划定、海底资源的争夺,特别是对深海资源的竞争成为新焦点:一是适时调整并完善海洋战略与政策;二是研发深海设备与创建深海部队;三是不断研发创新深海技术;四是强化信息融合能力提高海上作战能力。

(三)网络

网络空间作为赢得未来战争优势的战略热点,成为全球激烈竞争的新空间。

信息网络技术催生了人类活动新的空间——网络空间。而网络空间直接关乎社会政治、经济、文化、金融等系统正常运转。网络领域已经成为世界各国军事角逐的新空间:一是西方军事强国都有国家网络战略、网络领导机构和网络部队;二是网络空间激烈较量贯穿始终;三是研发网络装备、创新网络技术;四是加强网络领域新型力量演练;五是网络领域实战能力不断提升。

(四)极地

极地领域作为赢得未来战争优势的战略极点,成为多国争相占据的新疆域。

许多国家都把极地研究与开发作为国家重要战略。北极地区潜在的可采石油储量有1000亿桶至2000亿桶,煤炭则占到世界总量的9%。北极还有大量的铜、镍,以及金、金刚石、铀等。北极还有鳕鱼,南极有磷虾,这些作为食物不仅数量多而且营养都极为丰富。从军事上来说,北极位于亚、欧、北美三大洲的顶点,有联系三大洲的最短航线,从华盛顿到莫斯科仅6750公里,比欧洲航线近1000公里,地理位置极为重要。地处亚、欧、北美三大洲弧顶位置的北极地区,是一个瞰制北半球的战略制高点和实施威慑的支撑点。冷战时期,美、苏两国就在北极地区部署战略轰炸机和战略核潜艇。为赢得极地竞争优势,掌握极地主动权,不仅美国、俄罗斯、加拿大等极地国家纷纷制定极地战略,而且一些非极地国家也积极参与极地事务。围绕极地领域的国际斗争将日趋复杂激烈:一是制定极地领域战略与规划;二是极地军事力量部署越演越烈;三是普遍加大研发投入;四是建立极地新型力量并进行对抗性演练。

(五)人工智能

人工智能作为赢得未来战争的战略重点,成为多国竞相研发的新利器。

世界主要军事强国将人工智能视为大国博弈的战略重点,采取多种措施积极研发,人工智能在军事领域应用取得重大突破。军事家们认为,人工智能是自互联网诞生以来的重大战略前沿技术,将使未来战争发生全新变革:一是出台人工智能战略规划,从国家战略层面进行整体推进;二是强化人工智能领导机制,推进人工智能向实战转化;三是美国处在人工智能全球领先地位,其他国家也不甘落后;四是美国人工智能研究型人才优势显著,人才培养体系完整;五是美军启动类脑超算长远发展计划。

第三节　维护国家安全

国家安全看似离我们遥远,其实维护国家安全关系到我们每一个人。近年来,危害国家安全的案件层出不穷。作为新时代大学生,我们应积极参与国家安全建设,为实现中华民族伟大复兴贡献力量。作为大学生,我们能为维护国家安全做些什么呢?

一、提高对国家安全的认知

(一)树立国家利益高于一切的观念

国家安全涉及国家社会生活的方方面面,是国家、民族生存与发展的首要保障。科学技术是没有国界的,但知识分子不能没有自己的祖国。所以,把国家安全放在高于一切的地位,是国家的需要,更是个人安全的需要。

在对外交往中,既要热情友好,又要内外有别、不卑不亢;既要珍惜个人友谊,又要牢记国家利益,不失国格、人格。

(二)熟悉国家安全的法律法规

大学生应严格遵守国家安全相关的法律法规,自觉维护国家安全。首先,要提高自己的法治意识,认真学习国家安全的法律法规,如《中华人民共和国宪法》《中华人民共和国国家安全法》《中华人民共和国保守国家秘密法》《中华人民共和国反间谍法》《科学技术保密规定》等。了解法律法规的内容和要求,使自己的行为符合国家安全的法律规定。

其次,在日常生活中,要注意保护个人信息,避免泄露重要数据。在网络环境下,要加强账号密码保护,防范网络诈骗、恐怖主义等安全风险。同时,要遵守网络道德规范,不参与非法活动,如传播谣言、散布极端言论等。

(三)提升国家安全防范意识

"生于忧患,死于安乐。"一个国家安全意识缺失的民族,只能被动挨打,更别谈发展。我们要积极参加各类爱国主义宣传及国家安全教育活动,普及国家安全知识,弘扬国家安全价值观,以便更好地认清国家安全形势,增强危机忧患意识,树立国家安全观念。

近年来,境外间谍情报机关在策反中方人员,窃取中国政治、军事情报和外交秘密的同时,加大了对经济、科技领域的渗透、窃密的力度,我们应加强自身安全意识,提升反奸防谍能力。

二、在行动上维护国家安全

(一)关注国家安全领域的发展

关注国家安全领域的发展,了解国家安全战略,关心国家安全体系建设,是大学生维护国家安全的重要途径。首先,要学习国家安全相关领域的知识,如国际关系、战略研究、网络安全等,提高自己在国家安全领域的认识。

此外,要关注国家安全领域的科技创新。随着科技的发展,新兴安全领域不断涌现,如人工智能、大数据、物联网等。这些技术在国家安全领域的应用将为国家安全提供新的保障。作为大学生,要关注这些技术创新,为国家安全事业发展提供人才支持。

(二)积极参与社会治理

大学生应积极参与社会治理,维护社会稳定,为国家安全提供良好社会环境。首先,在校园内,要加强自我防范,预防各类安全事故。可以积极参加校园安全巡逻、消防演练等活动,提高自己的安全防范能力。

其次,要关心社会公共安全,配合政府部门开展安全防范工作。可以参与治安巡逻、消防安全宣传、反恐防暴知识普及等活动。同时,要关注身边的安全隐患,如发现可疑人员或物品,要及时报告有关部门,共同维护社会安全。

任何组织和个人发现危害国家安全的情况和线索,均可以拨打国家安全机关"12339"举报电话进行举报。

大学生小林偶然看到一陌生男子鬼鬼祟祟在我国军事基地拍照并且打听基地情况,小林见状立即将此事报告了有关部门。

(三) 不非法传播国家信息

大学生要严守党和国家秘密,自觉地同泄密行为和窃密行径作斗争。首先,不参与出版和传播政治性非法出版物,不利用电子邮件、电子论坛等网络传播途径美化西方社会,诋毁我国形象。

小齐与境外势力相互沟通、配合,出版和传播大量的政治性非法出版物,利用电子邮件、论坛、网络聊天室等网络传播途径,抨击我国经济社会政策,歪曲和攻击我国人权状况,诋毁我国形象,被国家安全机关依法审查。

另外,不能在军事基地、军用港口等地未经允许拍照,更不要在微信朋友圈分享部队训练、武器装备、军人军装照等照片。

第三章 校园消防安全

第一节 校园火灾的起因与预防

火灾是威胁人类安全的重要灾害,就其破坏性来看,是仅次于旱灾、水灾的第三大灾害。火灾,尤其是在大学校园中发生的火灾,大部分是可以预防的。大学生应该学习、掌握一些防火知识,了解一些火灾发生的原因。

一、火灾的基本常识

火是人类赖以生存和发展的一种自然力,可以说,没有火的使用,就没有人类的进化和发展,也没有今天的物质文明和精神文明。当然,火和其他物质一样,也具有二重性。它给人类带来了文明和幸福,促进了人类物质文明的不断发展;但是,火也会给人类带来巨大的灾难,一旦它失去控制,超出有效范围内的燃烧,就会烧掉人类辛勤劳动创造的物质财富,甚至夺去人们的生命和健康,造成难以挽回和弥补的损失。

党和国家为了保护人民生命财产的安全,每年都会投入大量财物用于防火工作。尽管如此,我国每年因火灾造成的人员伤亡数量仍然很大,经济损失相当严重。大兴安岭、北京市蓝极速网吧、辽源市中心医院、汕头市华南宾馆、深圳市舞王俱乐部、吉林市商业大厦等地发生的火灾都震动了全国,损失十分惊人。

(一)火灾的定义

火灾是指在时间或空间上失去控制的燃烧所造成的灾害。在新的标准中,将火灾定义为在时间或空间上失去控制的燃烧。在各种灾害中,火灾是最经常、最普遍地威胁公众安全和社会发展的主要灾害之一。

(二)火灾的分类

《火灾分类》(GB/T 4968—2008)中,火灾根据可燃物的类型和燃烧特性,分为A、B、C、D、E、F六大类。

A类火灾,指固体物质火灾。这种物质通常具有有机物性质,一般在燃烧时能产生灼热的余烬。如木材、干草、煤炭、棉、毛、麻、纸张、塑料(燃烧后有灰烬)等火灾。

B类火灾,指液体或可熔化的固体物质火灾。如煤油、柴油、原油、甲醇、乙醇、沥青、石蜡等火灾。

C类火灾,指气体火灾。如煤气、天然气、甲烷、乙烷、丙烷、氢气等火灾。

D类火灾,指金属火灾。如钾、钠、镁、钛、锆、锂、铝镁合金等火灾。

E类火灾,指带电火灾。如物体带电燃烧的火灾。

F类火灾,指烹饪器具内的烹饪物(如动植物油脂)火灾。

(三)火灾的常见火源

火源是火灾的发源地,也是引起燃烧和爆炸的直接原因。所以,防止火灾应控制好火源。常见的火源主要有以下八种。

一是明火。如炉灶火、火柴火、蜡烛火等。

二是高温物体。如点燃的烟头、发热的白炽灯、汽车排气管、暖气管等。

三是电热能。如各种电热器具发热,电弧、电火花、静电火花、雷击放电产生的热等。

四是化学热能,即经过化学变化产生的热能。如燃烧生成的热,某些有机物发热自燃、化合物分解放出热等。

五是机械热能,即由机械能转变成的热能。如摩擦热、压缩热、撞击热等。

六是生物热。如微生物在新鲜稻草中发酵发热等。

七是光能,即由光能转变成的热能。如日光聚焦等。

八是核能。如分裂产生的热。

(四)火灾的燃烧阶段

火灾的燃烧阶段可以分为四个阶段:初起阶段、发展阶段、猛烈阶段和下降及熄灭阶段。根据火灾发展的阶段性特点,在灭火中,必须抓住时机,力争将火灾扑灭在初起阶段,最大限度地减少火灾造成的损失和伤害。

1. 初起阶段

火灾初起时,燃烧面积不大,烟气流动速度较慢,火焰辐射出的能量不多,周围物品和结构开始受热,温度上升不快。这个阶段是灭火的最有利时机,也是人员安全疏散的最有利时段。因此,应设法把火灾及时控制、消灭在初起阶段。

2. 发展阶段

随着燃烧时间的延长和温度的升高,周围的可燃物质或建筑构件被迅速加热,气体对流增强,燃烧面积迅速扩大,形成了燃烧发展阶段。这个阶段,火势突破了外壳,从灭火角度看,这是关键性阶段,必须投入相当的力量,采取正确的措施,来控制火势的发展。

3. 猛烈阶段

如果火灾在发展阶段没有得到控制,燃烧速度不断加快,燃烧面积迅速扩大,燃烧温度急剧上升,气体对流达到最快的速度,辐射热最强,那么火灾就会发展到猛烈阶段。这个阶段的火灾情况复杂,建筑构件的承重能力急剧下降。

4. 下降及熄灭阶段

火场火势被控制以后,由于灭火剂的作用或燃烧材料已烧尽,火势就会逐渐减弱直到熄灭,即到达了下降及熄灭阶段。

二、校园消防安全的有关法规

《高等学校消防安全管理规定》于 2010 年 1 月 1 日起施行。部分摘要如下:

第六条　学校各单位和师生员工应当依法履行保护消防设施、预防火灾、报告火警和扑救初起火灾等维护消防安全的义务。

第十四条　学校应当将下列单位(部位)列为学校消防安全重点单位(部位):

(一)学生宿舍、食堂(餐厅)、教学楼、校医院、体育场(馆)、会堂(会议中心)、超市(市场)、宾馆(招待所)、托儿所、幼儿园以及其他文体活动、公共娱乐等人员密集场所;

(二)学校网络、广播电台、电视台等传媒部门和驻校内邮政、通信、金融等单位;

(三)车库、油库、加油站等部位;

(四)图书馆、展览馆、档案馆、博物馆、文物古建筑;

(五)供水、供电、供气、供热等系统;

(六)易燃易爆等危险化学物品的生产、充装、储存、供应、使用部门;

(七)实验室、计算机房、电化教学中心和承担国家重点科研项目或配备有先进精密仪器设备的部位、监控中心、消防控制中心；

（八）学校保密要害部门及部位；

（九）高层建筑及地下室、半地下室；

（十）建设工程的施工现场以及有人员居住的临时性建筑；

（十一）其他发生火灾可能性较大以及一旦发生火灾可能造成重大人身伤亡或者财产损失的单位（部位）。

重点单位和重点部位的主管部门，应当按照有关法律法规和本规定履行消防安全管理职责，设置防火标志，实行严格消防安全管理。

第十五条　在学校内举办文艺、体育、集会、招生和就业咨询等大型活动和展览，主办单位应当确定专人负责消防安全工作，明确并落实消防安全职责和措施，保证消防设施和消防器材配置齐全、完好有效，保证疏散通道、安全出口、疏散指示标志、应急照明和消防车通道符合消防技术标准和管理规定，制定灭火和应急疏散预案并组织演练，并经学校消防机构对活动现场检查合格后方可举办。

依法应当报请当地人民政府有关部门审批的，经有关部门审核同意后方可举办。

第十八条　地下室、半地下室和用于生产、经营、储存易燃易爆、有毒有害等危险物品场所的建筑不得用作学生宿舍。

生产、经营、储存其他物品的场所与学生宿舍等居住场所设置在同一建筑物内的，应当符合国家工程建设消防技术标准。

学生宿舍、教室和礼堂等人员密集场所，禁止违规使用大功率电器，在门窗、阳台等部位不得设置影响逃生和灭火救援的障碍物。

第二十四条　发生火灾时，学校应当及时报警并立即启动应急预案，迅速扑救初起火灾，及时疏散人员。

学校应当在火灾事故发生后两个小时内向所在地教育行政主管部门报告。较大以上火灾同时报教育部。

火灾扑灭后，事故单位应当保护现场并接受事故调查，协助公安机关消防机构调查火灾原因、统计火灾损失。未经公安机关消防机构同意，任何人不得擅自清理火灾现场。

第二十八条　校内各单位每月至少进行一次防火检查。检查的主要内容包括：

（一）火灾隐患和隐患整改情况以及防范措施的落实情况；

（二）疏散通道、疏散指示标志、应急照明和安全出口情况；

（三）消防车通道、消防水源情况；

（四）消防设施、器材配置及有效情况；

（五）消防安全标志设置及其完好、有效情况；

（六）用火、用电有无违章情况；

（七）重点工种人员以及其他员工消防知识掌握情况；

（八）消防安全重点单位（部位）管理情况；

（九）易燃易爆危险物品和场所防火防爆措施落实情况以及其他重要物资防火安全情况；

（十）消防（控制室）值班情况和设施、设备运行、记录情况；

（十一）防火巡查落实及记录情况；

（十二）其他需要检查的内容。

防火检查应当填写检查记录。检查人员和被检查部门负责人应当在检查记录上签名。

第四十七条 对未依法履行消防安全职责、违反消防安全管理制度，或者擅自挪用、损坏、破坏消防器材、设施等违反消防安全管理规定的，学校应当责令其限期整改，给予通报批评；对直接负责的主管人员和其他直接责任人员根据情节轻重给予警告等相应的处分。

前款涉及民事损失、损害的，有关责任单位和责任人应当依法承担民事责任。

三、大学生为什么要学习、掌握防火知识

大学校园里，火灾也是威胁我们安全的重要因素。据有关统计资料表明，大学里火灾所造成的经济损失比盗窃要高出十几倍。新中国成立以来，在我国高校中从未发生过火灾的寥寥无几。有的学校整座教学楼、实验楼、大会堂被烧毁，损失了许多珍贵的标本与图书，严重影响了教学科研活动的正常进行，甚至烧死学生的事例也曾发生。

2008年11月14日，上海某高校发生火灾（见图3-1），造成4名女生跳楼身亡。发生火灾的原因是学生违章使用"热得快"，因停电后忘记取下"热得快"，来电后导致"热得快"空烧，引起火灾。

图 3-1　上海某高校火灾现场

至于在同学们的宿舍里所发生的小型火灾,则每年可达数千起之多,烧毁同学们的衣物、图书,以及烧伤同学们身体的事例屡见不鲜。少数大学生思想上没有防火安全这根弦,严重忽视学校的防火安全制度,法律意识淡薄,因而造成火灾事故,危害了公共安全。大火无情,法亦无情,他们应当受到法纪的处分。

"隐患险于明火,防范胜于救灾,责任重于泰山。"责任,是一个国家、一个民族生存发展的"根"。同样如此,一个没有责任感的人是不可能有所作为的。

大学生是国家的未来和希望。保护国家、人民和公共财产的安全,保护他人和自身的安全,已成为当代大学生神圣的权利和义务。了解、学习和掌握防火知识,协助学校做好防火工作,减少和杜绝火灾的发生,保障安全,是实现上述权利和义务的重要方面。如果火灾不断,危及人身和财产安全,又怎能完成大学期间的学习任务,继而担当起重任呢?因而,学习、掌握一些防火、灭火的基本道理和常识,对于维护国家、学校和学生个人的安全,是十分必要和有益的。

2003年11月24日,震惊世界的俄罗斯莫斯科友谊大学学生公寓火灾,烧毁了一幢5层楼的学生公寓,导致32名学生死亡,200多人受伤(其中中国留学生46人受伤、11人死亡)。发生火灾的原因是学生用电取暖不慎。

四、校园发生火灾的主要原因

(一)明火引燃

例如学生在学生宿舍的床上(床头)点蜡烛,吸烟者乱扔未熄灭的烟头和火柴等,在宿舍内焚烧杂物,在宿舍内使用煤气、液化气不当,使用煤油炉、汽油、酒精等易燃易爆物不当等。

(二)乱拉乱接电线和保险丝

例如:因电线短路或因接触不良发热而引起火灾;有的甚至用铜丝或铁丝代替保险丝,使电路过载发生故障时不能及时熔断而造成电线起火。

(三)电器使用不当

例如:电灯泡靠近可燃物长时间烘烤起火;使用电热器无人监管而烤燃起火;长时间使用电器不检修,电线绝缘老化,漏电短路而起火等。

> 2012年12月21日7点50分左右,成都高新西区某大学的学生寝室发生火灾,造成室内的电脑等物品全部烧毁,幸运的是火灾处理及时,没有人员伤亡。发生火灾的主要原因是当日早上,此寝室有一名女生的吹风机未及时拔下电源,长时间处于工作状态,发热引燃桌子上的易燃物质,从而发生火灾,损失上万元。

(四)在宿舍使用大功率电器

学生宿舍内的线路是按日常照明、使用小收录机等情况而设计的,如使用电炉、电饭煲、电热杯、"热得快"等大功率电器(见图3-2)常会使电线过载发热而起火。

五、校园火灾的预防

防止发生火灾的关键是做好火灾的预防。《中华人民共和国消防法》和各级政府、各级公安消防部门制定的消防条例和规定,以及学校的各项安全管理制度,是同学们必须遵守的准则。这些法律、法规和安全管理制度,都是火灾事故教训的总结,要预防火灾,就必须认真掌握、严格执行、自觉遵守。

图 3-2　大功率电器

（1）在教室、实验室、研究室学习和工作时，严禁吸烟，要严格遵照各项安全规定、操作规程和有关制度。使用仪器设备前，应认真检查电源、管线、火源、辅助仪器设备等情况，如放置是否妥当，对操作过程是否清楚等，做好准备工作以后再进行操作。使用完毕应认真进行清理，关闭电源、火源、水源等，还应清除杂物和垃圾。涉及使用易燃易爆危险品时，一定要注意防火安全规定，按照规定，一丝不苟地进行操作。

（2）在宿舍，应自觉遵守宿舍安全管理规定：不乱拉乱接电线；不使用电炉、"热得快"、电热杯、电饭煲等电器；不在宿舍使用明火；不将易燃易爆物品带进宿舍；不在宿舍内焚烧物品；不点蜡烛看书；不乱扔烟头，不躺在床上吸烟；发现安全隐患及时向管理人员或有关部门报告；爱护消防设施和灭火器材，不随意移动或挪作他用；室内无人时关掉电器和电源开关等。

（3）要人走灯关，台灯不要靠近枕头和被褥，嗅到电线胶皮糊味要及时报告，采取措施。

六、一些危险和违法的行为

（一）为什么不能乱拉电线

所谓乱拉电线，就是不按照安全用电的有关规定，随便拖拉电线，任意增加用电设备。这样做是很危险的。例如某大学学生宿舍 317 室的一名学生，为了试听录音机，在宿舍里一个损坏了的插座裸露出的两个线头上接线，导线很不规则，又从褥子底下穿过，当日下午接线处着火，烧坏褥子，引起火灾，焚毁了 4 名同学床上的被褥、衣物、书籍和一些公物，直接经济损失千余元。

还应该注意的是,在学生宿舍内,许多同学都买了小型充电器方便电池充电用,但个别同学充电时,随意将充电器放在床铺上、枕头上或书本上,人却离开了,结果充电时间过长,引起充电器过热,造成短路,产生火花,引燃了床上用品,造成火灾。以上事例,不过是个小的教训,而实际生活中,引起的后果比这严重得多。例如:电线拖在地上,可能被硬的东西压破或砸伤,损坏绝缘体;在易燃易爆场所乱拉电线,缺乏防火、防爆措施;乱拉电线常常要避人耳目,工具、材料等工作条件差,装线往往不用可靠的线夹,而用铁钉钉或铁丝绑,结果磨破绝缘层,损坏电线;不看电线粗细,任意增加用电设备形成超负荷,使电线发热,等等。这些情况,多数都能造成短路、产生火花或发热起火,有的还会导致燃烧爆炸,甚至引起触电伤亡事故。

2009年12月7日,成都西区某高校学生公寓1幢325房间发生了一起学生乱接电线、使用违规电器导致火灾的案件。该日,此房间的吴某某和聂某某午饭后将1个暖风机和2个电烤炉连接在私拉的电线上取暖,吴某某将暖风机放置在写字台旁边。下午上课时,2人未关闭暖风机离开宿舍。几个小时后,暖风机因温度过高逐渐引燃了写字台周围的可燃物,导致火灾发生,所幸公寓管理员发现及时,同学们处置得当,避免了火灾扩大蔓延。

为了保证用电安全,防止乱拉电线,有关管理部门一般都有如下规定:
(1)用电要申请报装,线路设备装好后要经过检验合格才可通电,临时线路要严格控制,专人负责管理,用后拆除。
(2)采用合格的线路器材和用电设备。
(3)线路和设备要由专业电工安装,一定要符合有关安全规定。

(二)为什么不能乱丢烟头

若把烟头随意乱丢,碰到可燃物质,就可能酿成火灾,这是大家都知道的常识。我国发生的两场大火灾都与烟头有关,一个是大兴安岭森林火灾,另一个是某大城市体育馆被全部烧毁的大火灾。俗话说:"粒火能烧万重山。"我们对一个小小的烟头,决不可麻痹大意、掉以轻心。

物质燃烧的原理告诉我们,温度是燃烧不可缺少的条件之一。燃着的烟头,体积虽小,但它却仍是一个燃烧着的物体,温度很高。据测定,其表面温度在 200~300 ℃,中心温度高达 700~800 ℃,而一般可燃物质的燃点都在这个温度以下,如棉花为 150 ℃,纸张为 130 ℃,麻绒为 150 ℃,布匹为 200 ℃,涤纶纤维为 390 ℃,松木为 250 ℃,麦草为 200 ℃等。当烟头的火源与这些可燃物接触时,很有可能把这些物质加热到它们的燃点而引起燃烧。如果烟头火源遇到易燃气体、液体时,危险就更大了,因为易燃气体和易燃液体挥发出的气体与空气混合能够形成爆炸性的混合物,遇到一点火星就会引起燃烧、爆炸。

乱丢烟头,是防火工作中很难解决的一个问题。全国城乡每天扔掉的烟头有数十亿只,分布范围之广,涉及人数之多,是任何引起火灾的火源不能相比的。在现实生活中,由于吸烟不慎、乱丢烟头引起火灾的教训是极其深刻的。除了上述两起大火灾之外,日常生活中,有的人睡在床上或躺在沙发上吸烟,睡着后,烟头掉在被褥、衣服、沙发或地毯等可燃物上,引起了火灾;有的人把点着的烟卷随手乱放,离开时未加熄灭,使火蔓延到书本、桌子、箱子、窗帘等物件上;有人把半截卷烟塞在衣袋里,把衣服脱在更衣室里,结果烟卷并未熄灭,引起衣服燃烧而扩大成灾;有的人把未熄灭的烟头随手乱丢,结果烟头落在楼梯角落里,落在废纸篓中,落在柴草堆旁,落在打谷场和晒棉场上,落在木屑、刨花里,落在草丛中,落在有易燃气体的下水道等处,把那些地方的可燃物引燃了;有的人不遵守安全制度,在严禁吸烟的地方随意吸烟,结果引起了燃烧和爆炸。

乱丢烟头,虽说这只是个人生活问题,似乎微不足道,但是如果一旦引起了火灾,不仅危及个人安全,更重要的是使人们的生命受到了危害,国家财产遭受了严重损失,就会由个人的生活问题,变成负有重大政治责任或刑事责任的问题了。

2008 年 10 月 9 日,成都西区某高校学生公寓 7 幢 216 房间的一名同学在室内吸烟,并随手将烟蒂丢在阳台角落里,未熄灭的烟蒂慢慢引燃了阳台角落里的易燃杂物,从而引发了火灾。所幸发现及时,正确扑救,从而避免了一场恶性火灾事故的发生。

(三)为什么挪用消防器材是违法行为

《中华人民共和国消防法》明确规定如下:

第二十八条　任何单位、个人不得损坏、挪用或者擅自拆除、停用消防设施、器材，不得埋压、圈占、遮挡消火栓或者占用防火间距，不得占用、堵塞、封闭疏散通道、安全出口、消防车通道。人员密集场所的门窗不得设置影响逃生和灭火救援的障碍物。

第六十条　单位违反本法规定，有下列行为之一的，责令改正，处五千元以上五万元以下罚款：

（一）消防设施、器材或者消防安全标志的配置、设置不符合国家标准、行业标准，或者未保持完好有效的；

（二）损坏、挪用或者擅自拆除、停用消防设施、器材的；

（三）占用、堵塞、封闭疏散通道、安全出口或者有其他妨碍安全疏散行为的；

（四）埋压、圈占、遮挡消火栓或者占用防火间距的；

（五）占用、堵塞、封闭消防车通道，妨碍消防车通行的；

（六）人员密集场所在门窗上设置影响逃生和灭火救援的障碍物的；

（七）对火灾隐患经公安机关消防机构通知后不及时采取措施消除的。

个人有前款第二项、第三项、第四项、第五项行为之一的，处警告或者五百元以下罚款。

有本条第一款第三项、第四项、第五项、第六项行为，经责令改正拒不改正的，强制执行，所需费用由违法行为人承担。

有少数同学无视这些法规，损坏、挪用消防器具，损毁设施，受到了学校行政纪律处分，有的甚至受到公安机关的罚款或警告处罚。

2013年1月6日20时，上海农产品中心批发市场发生火灾，117家商铺被烧毁，6死14伤。发生火灾的原因是线路老化，管理不善，灭火器失效，安全通道占用、堵塞。

第二节　发生火灾时的扑救与逃生

一、火灾的报警

一旦失火，应立即报"119"火警，报警越早，损失越小。报警时应沉着镇定，清楚扼要地说明起火地点（单位、门牌号）、什么东西着火、火势大小，以及着火的范围等。同时还要注意听清对方提出的问题，以便正确回答。随后，把自己的电话号码和姓名告诉对方，以便随时联系。报警完毕，应派人在校门口等候，以利于引导消防车迅速赶到火灾现场。与此同时还应迅速组织人员疏通消防通道，清除障碍物，使消防车到达火场后能立即进入最佳位置灭火救援。如果着火地区发生了新的变化，要及时报告消防队，使他们能及时改变灭火战术，取得最佳效果。除了及时报"119"外，还应向学校保卫部门报告。

二、火灾的扑救

扑救火灾时，应注意先切断火场的电源和气源，同时要注意转移火场及其附近的易燃易爆危险品，实在无法转移的应当设法降温冷却。

（一）常见灭火器的使用方法

常见灭火器如图3-3所示，其使用方法如图3-4所示。

图3-3　常见灭火器

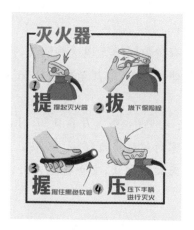

图3-4　常见灭火器的使用方法

1. 干粉灭火器

干粉灭火器适用于扑救一般的油类、有机溶剂和电器失火。使用干粉灭火器时,应撕去灭火器头上的铅封,拔去保险销,一只手握住胶管,将喷嘴对准火焰的芯部,另一只手下压把手或提起拉环,干粉即可喷出灭火。喷粉要由近而远,向前平推,左右横扫,尽量不使火焰上蹿。

2. 泡沫灭火器

泡沫灭火器适用于扑灭一般级油类火灾,但不能用于扑救带电设备的火灾。使用时要将灭火器平稳地提到火场,注意筒身不宜过度倾斜,以免两药液混合。到达火场后用手指压紧喷嘴口,颠倒筒身,上下摇晃几次,再向火源喷射。如是油火,应向容器内壁喷射,让泡沫覆盖油面而使火熄灭。

3. 二氧化碳灭火器

二氧化碳灭火器适用于扑灭一般级电气设备火灾,但不能扑救金、钾、钠、镁、铝和金属物和金属氢化物等物质引起的火灾,因为这些物质的性质十分活泼,能与二氧化碳发生化学反应而燃烧,加重火势。这种灭火器的开关有两种形式,一种是手动开启式的,使用时先拨去保险销,一只手持喷筒把手(喷射气体的喇叭筒),另一只手紧压压把,二氧化碳即自行喷出,不用时将手放松即可关闭;另一种是螺旋开启式的,使用时,应先将铅封去掉,翘起喷筒,一手提提把,一手将手轮顺时针方向旋转(像拧水龙头开关一样)开启,高压气体即自行喷出。

4. 1211 和 1301 灭火器

1211 和 1301 灭火器是高效灭火器,适用于扑灭一般的液体、气体、电气设备、精密仪器、计算机房火灾。它具有绝缘性好、对金属蚀性小、久存不变质且灭火后不留痕迹等优点。使用时,首先撕下铅封,拔掉保险销,然后在距火源 1.5~3 米处,将喷嘴对准火焰的根部,用力按下压把,压杆就将密封开启,灭火器就在氮气压力作用下喷出。松开压把,喷射中止。如遇零星小火,可采取点射方法灭火。

在使用上述灭火器时,均应注意在确保自身安全的前提下尽可能靠近燃烧点,对准火焰的根部扫射推进,这样才能取得好的灭火效果。在灭火的同时,要尽量使自己处在上风位置。

(二)不能用水扑救的情况

在扑救火灾中,还应注意如下一些物品失火时不能用水扑救。

1. 高压电器设备失火

因为水是导电的,高压电流会沿水柱传到消防器械上,使灭火人员触电,或造成电器设备短路烧毁。

2. 电石着火

电石即碳化钙,遇水会生成可燃烧气体乙炔,与空气中的氧混合后,遇到明火很容易爆炸。

3. 比重轻于水的易燃液体着火

因着火的易燃液体会漂浮在水面上,随处流动,所以造成火势蔓延。

4. 硫酸、硝酸、盐酸起火

因为硫酸、硝酸、盐酸这三种强酸遇到水后会发生强烈反应,引起强酸飞溅,甚至会引发爆炸。

5. 金属钾、钠、锂和易燃金属铝粉、镁粉等燃烧引发的火灾

因为金属钾、钠、锂和易燃金属铝粉、镁粉等与水发生化学反应时会生成大量可燃烧气体氢气,不但是火上加"油",而且极易引发爆炸。

三、发生火灾时的逃生自救

火灾发生后,如果被大火围困,最重要的是要保持头脑清醒,千万不能慌乱,应根据火势情况采取最佳的自救方案,争取时间尽快脱离危险区域,以达到减少损失,避免不必要的伤亡。

(一)沉着冷静,迅速逃脱

火灾发生后,不要为穿衣、找钱财等琐碎小事而延误宝贵的逃生时间,要选择与火源相反的通道迅速逃脱险境。现场有浓烟时,应尽量放低身体或是爬行,千万不要直立行走,以免被浓烟窒息。衣服被烧时不要惊慌,可立即在地上翻滚以使明火熄灭。

(二)选择通道,果断撤离

如果楼梯已起火,但火势并不很猛烈,可披上用水浸湿的衣服或被单由楼上快速冲下。如果楼梯火势猛烈而不能强行通行,可以利用绳子或把床单撕成布条连接成绳子,将一端拴在牢固的门窗或其他重物上,再顺着绳子从窗口滑下。如果火灾威胁严重,有生命危险时,若楼层只有二、三层高,可以考虑从窗户跳下。跳前先向下抛掷一些软质物品,然后用手挟住窗子往下滑以尽量缩短高度,要保证脚先落地,保证生命安全。逃离时千万不要乘电梯,以防电路断掉后被困在电梯中。

(三)争取时间,等待救援

当各种逃生之路均被切断时,则应退回居室内,采取防烟、堵火措施,关闭门窗,并向门窗上浇水,以延缓火势蔓延的时间。要用多层湿毛巾捂住口鼻做好个人防护。同时可向室外扔些小东西,夜晚可向外打手电,发出求救的信号。有手机的或室内有电话的,用手机或电话同外界加紧联络,争取时间使外界尽快来救援。

第三节 安全用电

随着科学技术的发展,电能在工农业生产和人们日常生活中起着越来越重要的作用。人们必须懂得安全用电常识,树立安全用电的观念,来保障人身和设备的安全。如果使用不当,就会造成事故,如触电引发的设备损坏或危及人身安全。所以,要懂得安全用电、引起触电的原因和常用预防措施等一些常识。

一、人体的触电

(一)电流对人体的作用

电对人的伤害是多方面的,人体是导体,当电流通过人体会使人感觉到疼痛,严重时会停止呼吸,甚至死亡,触电会使人体受到不同程度的伤害。由于触电的种类、方式及条件不同,受伤害的后果也不一样。电流对人体的危害程度取决于通过人体电流的大小、种类、频率、路径,电流在人体中的持续时间,人体的健康状况以及人的精神状态,等等。

1. 电流的大小

触电时,流过人体的电流强度越大,对人体的损伤越严重。一般来说,当电流在 0.5~5 毫安,人就有明显的疼痛感觉;5~50 毫安,人体的生理反应是痉挛,呼吸困难,血压升高,甚至昏迷。当电流超过数百毫安时,人就有致命的危险。

2. 电压的高低

人体接触的电压越高,流过人体的电流越大,对人体的伤害越严重。但在触电事例的分析统计中,约30%触电死亡事例是在对地250伏以上的高压发生的,这是因为人们接触少,对它警惕性较高。70%的死亡者是在对地电压为250伏的低压下触电的。生产生活用电是220伏,一旦触电,通过人体的电流约为220毫安,能迅速使人致死。

3. 频率的高低

实践证明,40～60赫兹的交流电对人最危险,约一半的死亡事故发生在这个频段。随着频率的增高,触电危险程度将下降。高频电流不仅不会伤害人体,还能用于治疗疾病。

4. 时间的长短

触电电流越大,触电时间越长,对人体的伤害越严重。

此外,电击后受伤程度还与电流通过的路径、人体的状况及人体电阻有关,电流通过心脏可造成心跳停止、血液循环中断;通过呼吸系统会造成窒息,电流通过心脏时,最容易导致死亡。人的性别、健康状况、精神状态等与触电伤害程度有着密切关系。人的精神状况,对接触电器有无思想准备,对电流反应的灵敏程度都可能增加触电事故的发生次数并加重受电流伤害的程度。人体电阻越大,受电流伤害越轻。人体电阻主要由皮肤表面的电阻值决定。如果皮肤表面角质层损伤、皮肤潮湿、流汗、带着导电粉尘等,将会大幅度降低人体电阻,增加触电伤害程度。

(二)触电的方式

按照人体触及带电体的方式和电流通过人体的路径,触电可分为单相触电、两相触电和跨步电压触电三种。

1. 单相触电

单相触电是指人站在地面上或接触零线,人体某一部位触及一相带电体的触电事故。这样电流从带电体经人体到大地形成回路。单相触电事故约占触电事故的60%～70%,如图3-5所示。

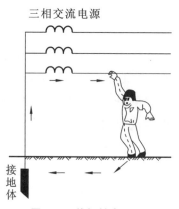

图3-5 单相触电

2. 两相触电

两相触电是指人体两处同时触及两相带电体的触电事故。对于这种情况，不管电力系统中性点接地与否，人体处在线电压之下，比单相触电时的电压高，危险性更大，如图3-6所示。

3. 跨步电压触电

跨步电压只出现在高压接地点或防雷设备接地点地面，接地点的电位一般很高，会在导线接地点及周围形成强电场，以接地点为圆心向四周扩散且逐渐衰减。当带电体接地时，人站在接地点周围时，两脚之间将存在电压，该电压称为跨步电压。由跨步电压而引起的触电称为跨步电压触电。如图3-7所示，人站的位置离接地体越近，两脚之间的距离越大，跨步电压就越大，触电的危害就越大。

图3-6　两相触电

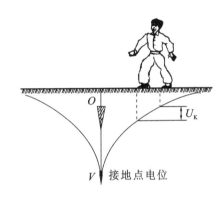

图3-7　跨步电压触电

二、保护接地与接零

为了保障人身安全和电力系统工作的需要，要求电气设备采取接地措施。接地是指将电气设备在正常情况下不带电的金属部分通过接地装置与大地相连。按接地目的不同，主要可分为保护接地、保护接零和工作接地三种，如图3-8所示。接地装置由接地体和接地线组成，埋入大地的金属导体称为接地体，连接电气设备的接地体的导线称为接地线。

（一）保护接地

保护接地是为了保证人身安全，将电气设备正常情况下不带电的金属外

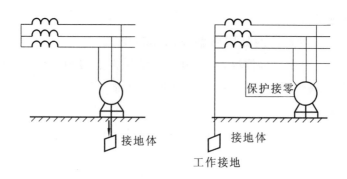

图 3-8 保护接地、工作接地和保护接零

壳与接地装置连接,常用于中性点不接地的低压系统中。当电气设备绝缘损坏,电气设备就会带电,若金属外壳没有接地,所带电压等于电源的相电压,人接触后就会触电,危及生命。若金属外壳安装了保护接地,由于人的电阻和接地体电阻并联,人的电阻比接地电阻大得多,所以通过人体的电流比经接地电阻的电流小得多,绝大部分电流通过接地流向大地,对人的危害程度明显减小了。

(二)工作接地

工作接地是为了电力系统运行安全的需要,将中性点接地。在中性点不接地的系统中,当一相接地时,接地电流很小,不足以使保护装置动作而切断电源,接地故障不易被发现,将长时间持续下去,一相接地时将使另外两相的对地电压升高到线电压,人体触及另外两相之一时,触电电压是线电压,比相电压高出$\sqrt{3}$倍。而在中性点接地的系统中,一相接地后的接地电流较大,接近单相短路,保护装置迅速动作,断开故障电路。

(三)保护接零

保护接零是将电气设备的金属外壳用导线直接与系统零线相连,常用于中性点接地的低压系统中。

当电气设备的绝缘损坏,金属外壳就会带电,在采用了保护接零电路中,便形成单相短路。整个短路回路的阻抗很小,短路电流就很大,迅速将这一相中的熔丝熔断,切断电源,金属外壳便不再带电。即使在熔丝熔断前人体触及外壳时,也由于人体电阻远大于线路电阻,不会危及人的安全。

第四章
校园卫生和饮食安全

第一节　常见病和传染病的预防

学生是一个特殊的人群,患病后常常造成多方面及长期的身体危害,对学生的心理和学业影响是很难给予补偿的。因此加强学生常见病、传染病和食物中毒的预防救护工作是做好学校卫生和饮食安全工作的重要一环。

一、常见病的预防

(一) 预防龋齿

预防龋齿最好的办法就是保持口腔卫生。每天早晚刷牙,刷牙的方法要正确。少吃甜食,养成吃东西后漱口、睡前不吃东西的好习惯。每半年或一年进行一次口腔检查。

(二) 预防近视眼

(1) 读书、写字姿势要端正(见图 4-1),眼与书本的距离保持 1 市尺(1 市尺≈0.33 米),连续读写 1 小时左右要休息片刻,或向远处眺望一会儿。

图 4-1　正确的写字姿势

(2) 良好的用眼习惯,做到不在光线太暗及光线过强的地方读写,不在动荡的车厢里或行路时看书,不连续长时间读写,不趴在桌子上读书或躺在床上看书,不看字体太小或印刷不清的书。

(3) 连续看电视 0.5～1 小时后,要休息 5～10 分钟。眼睛与电视屏幕的距离不要低于 2 米。操作电脑时,眼睛与电脑屏幕的距离以 50～60 厘米为宜。要严格控制玩电子游戏的时间,每天不要超过 30 分钟。

(4) 坚持做眼保健操,平时注意加强营养,积极参加体育锻炼,增强体质。

(5) 上课期间注意时间安排适当,不要疲劳用眼。

(6) 定期检查视力,发现视力下降要及早治疗。

(三)预防沙眼

预防沙眼的主要方法是要养成良好的卫生习惯,不和别人共用毛巾、手帕、洗脸水,更不要用脏手揉眼和用脏手帕、衣袖擦眼睛。手帕、毛巾要经常烫洗或者煮沸消毒,要勤洗手和剪指甲。得了沙眼要及时治疗。

(四)预防蛔虫病

预防蛔虫病要养成良好的个人卫生习惯。注意使用安全卫生的饮用水和洗手用水,饮食要注意卫生,不得随便到不干净的地方就餐。有条件时,每年最好服 1～2 次驱虫药进行驱虫治疗。

二、传染病的预防

(一)肠道传染病

肠道传染病主要包括病毒性肝炎、脊髓灰质炎、痢疾、伤寒、副伤寒、霍乱、副霍乱等。预防肠道传染病主要应管理传染源,发现病人应隔离治疗,对与病人接触密切的人也要检查并预防性服药。要认真搞好环境卫生、饮食卫生,保护水源,搞好厕所卫生,严格处理粪便和污水,消灭老鼠、苍蝇、蟑螂等有害动物。养成饭前便后洗手、不喝生水、瓜果要冲洗干净、不吃变质的饭菜等卫生习惯,配合有关部门做好预防接种工作。

(二)呼吸道传染病

呼吸道传染病主要包括流感、麻疹、水痘、流行性脑脊髓炎(流脑)、流行性腮腺炎、白喉、百日咳等。预防接种是预防呼吸道传染病的重要手段之一,其他的预防措施主要是加强病人隔离治疗。不乱吐痰、甩鼻涕,咳嗽时要用手帕或纸捂住口鼻。教室每天要注意开窗通风换气,保持室内卫生。

（三）虫媒传染病

常见的虫媒传染病有流行性乙脑炎(乙脑)、疟疾、斑疹和伤寒等。预防虫媒传染病应彻底消灭蚊子、虱子等吸血昆虫。预防乙脑的重要措施是接种乙脑疫苗。控制疟疾传播的重点是彻底治疗病人和可疑病人。对于斑疹、伤寒和回归热,则以灭虱为重点。

（四）动物性传染病

动物中的一些传染病在一定条件下能传染给人类,如狂犬病、流行性出血热、钩端螺旋体病、布氏杆菌病、炭疽等。预防动物性传染病的要害是杀灭有害动物,如杀灭老鼠,杀死并深埋病狗、病猫。及时进行预防接种,被狗、猫抓伤后及时注射狂犬疫苗。

三、健康检查

健康检查一般由学校主管领导或校医等具体安排,学校在检查前要做好一切准备工作。要将检查结果及时告知学生,个别情况要告知家长。对还不能确诊的疾病,如肝大、血压偏高等,进行复查,对检查出患有沙眼、蛔虫感染、疥疮等疾病的学生,要通知学生进行必要的治疗。校医应对体检资料进行统计整理,对学生的常见病患进行整理分析,并归入个人档案。

第二节　饮食危害的防范与对策

校园饮食安全与大学生的健康息息相关,如果不重视就会传染疾病,危害健康,即俗话所说的"病从口入"。

一、饮食危害的防范

在日常生活中,要注意以下几点：

(1) 养成良好的饮食习惯。吃东西时不要狼吞虎咽;吃东西时不要同时做别的事情,更不要相互追逐、打闹;一日三餐定时定量,不暴饮暴食。

(2) 养成吃东西前先洗手的习惯。双手每天干这干那,接触各种各样的东西,会沾染病菌、病毒和寄生虫卵。吃东西前认真用肥皂洗净双手,才能减少"病从口入"的可能。

(3) 生吃瓜果要洗净。瓜果蔬菜在生长过程中不仅会沾染病菌、病毒、寄生虫卵,还有残留的农药、杀虫剂等,如果不清洗干净,不仅可能染上疾病,还可能造成农药中毒。

(4) 不随便吃野菜、野果。野菜、野果的种类很多,其中有的含有对人体有害的毒素,缺乏经验的人很难辨别清楚,只有不随便吃野菜、野果,才能避免中毒,确保安全。

(5) 不吃腐烂变质的食物。食物腐烂变质,就会味道变酸、变苦,散发出异味儿,这是因为细菌大量繁殖引起的,吃了这些食物会造成食物中毒。

(6) 不随意购买、食用街头小摊贩出售的劣质食品、饮料。这些劣质食品、饮料往往卫生质量不合格,食用或饮用会危害健康。

(7) 在商店购买食品、饮料,要特别注意是否标明生产日期和保质期,不购买过期食品、饮料,不食饮过期食品、饮料。

(8) 不喝生水。水是否干净,仅凭肉眼很难分清,清澈透明的水也可能含有病菌、病毒,喝开水最安全。

二、食物中毒后的救护

食物中毒后应排除未被吸收毒物。催吐、洗胃、灌肠或导泻,在非细菌性食物中毒的抢救中极为重要,应及早进行。对肝硬化、心脏病和胃溃疡等患者,应禁止催吐和洗胃。

(一) 催吐

催吐可使残留在胃内的毒物迅速排出,多用于中毒发生不久、毒物尚未大量吸收的患者。但患者意识必须清楚,昏迷患者不宜采用此方法。可刺激咽部后给予催吐剂。常用的催吐剂由 $2\%\sim4\%$ 温盐水、0.5% 硫酸铜组成,每次 $100\sim200$ 毫升。或用吐根糖浆 $15\sim20$ 毫升或碘酒 0.5 毫升,加水口服,服用至胃内容物全部吐出为止。

（二）洗胃

洗胃可以彻底清除胃内未被吸收的毒物。洗胃进行得越早则越彻底，效果越好。某些食物中毒，如砷中毒和毒蘑菇中毒，摄入毒物后即使4小时以上，胃黏膜皱襞内仍可能有残留毒物，故应注意彻底清洗。即使就诊时间虽已经距离摄取食物时间较长，洗胃仍可起到一定作用。

（三）导泻与灌肠

如中毒时间较长，估计毒物已经部分进入肠内，洗胃后可服泻剂。已有严重腹泻者则不需要。常用的泻剂有硫酸镁或硫酸钠，其用量均为15～30克，加水约200毫升内服。也可用中药泻剂，如大黄与元明粉各20克煎服。如中毒已久，可用肥皂水或清水，加温至40摄氏度左右，进行高位连续灌肠。

防止吸收和保护黏膜应用局部拮抗剂，直接与胃肠内尚未吸收的毒物发生作用，使其毒性降低或变为无毒，或减少毒物与胃肠黏膜接触机会，延缓吸收。中毒后，就尽快使用拮抗剂。有些拮抗剂可与催吐或洗胃的液体结合使用，有些应在催吐、洗胃之后给予。因为催吐、洗胃之后，可能仍有一部分有毒物质在胃内残留，给予拮抗剂后，可以作用于胃，中和进入肠内的毒物。

常用的口服局部拮抗剂如下：

（1）通用解毒剂，主要成分为活性炭4份、氧化镁2份和鞣酸2份，混匀后取15～20克，再加水100份，可用于吸附、沉淀或中和生物碱、重金属盐和酸类。

（2）弱碱性物质，如肥皂水、0.4%氧化镁或氢氧化镁等，可中和酸性毒物和破坏某些有机磷农药等。

（3）氧化剂，如0.02%～0.05%高锰酸钾或1%过氧化氢溶液，对许多毒物和生物碱类等，有一定的氧化和解毒作用。

（4）牛奶、生蛋清，能结合和沉淀多种毒物，如重金属砷和汞等，可以保护黏膜，吸附毒素或是阻滞毒素的吸收。

一般毒物摄入人体后，多数由肝解毒，通过肾随尿排出，或经胆管与肠随同胆汁混入粪便排出。因此，大量输液是抢救食物中毒的重要措施之一。输液可稀释毒物，保护肝和肾，促进毒物排泄和及时补充体内所损失的液体。可大量饮用温开水或盐糖水和静脉注生理盐水、5%葡萄糖盐水或10%葡萄糖溶液等。如尿量过少,可以静脉注射50%葡萄糖80~100毫升,或静脉滴注20%甘露醇,或25%山梨醇100~250毫升。某些主要由肾排出的毒物,可反复多次应用甘露醇或山梨醇利尿,以加速其排出。

减少毒物的吸收和解毒治疗虽然是抢救食物中毒的首要措施,但由于毒物已经损害有关器官,使其正常生理功能紊乱,出现各种严重症状,如不积极进行对症治疗,必将影响患者的恢复。因此,必须采取有效的措施进行对症治疗。急救时,排毒、解毒和对症治疗应同时进行,方可获得更好的效果。

第五章 大型集体活动安全

第一节　大型集体活动的特点和安全问题

一、大型集体活动的特点

了解大型集体活动的特点,对于预防和解决大型集体活动的安全问题至关重要。一般来说,大型集体活动具有以下几个特点:

(一) 人员数量较大

大型集体活动往往是有组织、有领导的集体活动,就高校内部而言,参与人数超过200人的公共活动一般可视为大型集体活动。实际上,高校举行的大型集体活动往往不止如此。由于参加人员多,有时是成百上千,有时是上万人在一起活动,大型集体活动的地点又相对固定,人员密度程度高,这本身就是大型集体活动中的不安全因素,一旦发生事故,人身、财产损失往往很大。大学生参加大型集体活动的机会较多,因此参加活动期间,头脑一定要保持清醒,时刻注意防灾避险。

(二) 人员集中,活动范围受限制

多数情况下,大型集体活动是在一定区域内举行的,如在各种大型会议室、体育场(馆)或比较开阔的场内等举行。众多的参加人员集中在有限的范围内,一旦发生意外情况,人员混乱拥挤,疏散不便,秩序难以控制,对人们的人身安全就会形成较大的威胁,严重者还会造成群死群伤事故。如果不掌握必要的逃生自救知识,则很容易成为事故中的受害者。

(三) 人员结构复杂

大型集体活动的参加者即使来自同一系统、同一部门或一同单位,由于人们的性格差异,其思想品质和道德修养也参差不齐,而且相互之间绝大部分也都不甚了解,甚至不认识,容易产生矛盾摩擦,一旦有矛盾激化升级或个别人寻衅滋事,就可能引起群体纠纷、殴斗、骚乱等治安事件。

二、大型集体活动中容易出现的安全问题

（一）火灾事故

在大型集体活动的各类安全问题中,火灾事故的发生比例是很高的,而且一旦发生,则伤亡惨重、损失巨大。重大火灾事故一般发生在相对封闭的场馆或室内。火灾的诱因也多种多样,其中不乏众多的人为因素:一方面是消防管理薄弱,防范工作不到位,从而导致火灾隐患在某种条件下演变为火灾;另一方面,个别参加大型活动的人安全意识不强,违反安全管理制度也可能成为引发火灾事故的原因。

（二）群体纠纷

群体纠纷可分为个人与群体的纠纷、群体与群体的纠纷两大类。尤其是群体与群体的纠纷,在大型集体活动中比较常见,危害后果较个人与个人或个人与群体之间的纠纷大得多。出现这类安全问题,不仅损害了大学生的良好形象,损害了学校的声誉,妨碍了内部团结,妨碍了学生之间、班级之间、单位院系之间的团结,有时还可能酿成刑事治安案件。

大型集体活动属集体生活的一种,同其他集体活动一样,它会对每一个参加人的个人素养、协作精神和集体主义观念进行检验。活动正常有序地进行,与高水平的组织工作固然分不开,同时也依赖于每一个参加人的密切配合,即个人应服从集体,局部应服从全局。而个别人在参加大型集体活动的过程中,不注意规范自己的言行,片面突出自己或小团体的利益,做出种种影响活动秩序、引起他人不满的事,从而埋下了发生纠纷的祸根。更有甚者,个别素质不高的人借大型集体活动之机蓄意滋事、惹是生非,引起他人的强烈反感,极易引发冲突。

大型集体活动中出现群体纠纷的原因,可以归纳为以下几点:

(1) 不拘小节,纪律观念淡薄,漠视他人的存在。表现为在公共场合大声谈论、喧哗、乱扔脏物、随意走动、抢占座位等。

(2) 言语粗俗无礼,在大庭广众之下中伤、挑拨、嘲讽、讥笑甚至侮辱谩骂他人,使他人自尊心受挫,引起双方的冲突。

(3) 心胸狭窄、争强好胜,得理不饶人,为一点小事互不相让、纠缠不休,导致争端升级,愈演愈烈。

（4）极端利己，不容他人，或自私自利，我行我素，或哗众取宠，一味自我表现，也可能成为群体纠纷的导火索。

凡此种种，都是引发群体纠纷的重要原因。学生在参加大型集体活动时一定要引以为戒，从我做起，自觉维护活动的良好秩序，保证自己和他人的人身安全。当然，任何形式群体纠纷的责任都不完全在于某一方，即所谓"孤掌难鸣"，如果其中任何一方采取克制、忍让的态度，纠纷都有可能被化解。另外，其他参加人对于纠纷苗头的态度也十分重要，是积极化解矛盾，还是听之任之、作壁上观，往往会产生两种截然不同的结果。

（三）其他突发性事件

俗话说："天有不测风云。"各种隐患的存在是绝对的，"万无一失"只是一种理想的状态。在大型集体活动中突发性事件除火灾和群体纠纷外还包括地震、房屋坍塌、暴雨、翻车、沉船、爆炸等。这些情况比较难于预见，但并非完全不能避免。一般来说，成功"脱险"，与当事人较强的心理素质、自我防范意识、应急自保能力是分不开的。在突发性灾难面前，如果组织得当，就能避免无谓的伤亡发生。

第二节　大型集体活动的原则和安全对策

一、处置大型集体活动突发事故的基本原则

（一）保持镇静，沉着应付

发生事故后，决不能惊慌失措、手忙脚乱。

（二）孩子优先，学生优先

在抢救和组织疏散的过程中，必须本着先学生后成人的原则进行，尤其在危急情况下，组织抢救者必须首先保证孩子的安全，即使有领导在内，也应如此。

(三)争取时间,就地抢救

事故发生后,对于伤员来讲,时间就是生命。在事故现场,首先要做的就是组织人力对伤员进行初步的抢救,如包扎止血、人工呼吸等。

(四)立即报警,紧急求援

事故一旦发生,就要立即安排专人向公安、医疗等部门求救,争取使医疗人员和公安人员能在第一时间赶到。同时,还要即刻向当地政府和上级教育行政部门报告和求援,以便政府和上级部门能及时协调有关部门,争取更大的力量投入救治工作。

(五)维持秩序,迅速疏散

发生事故后,在救治伤员的同时,要安排专人维持现场秩序,以利于各种抢救措施的顺利实施。如果情况危急,活动难以继续,则要由跟班教师迅速组织其他学生有组织地撤离现场,转移到安全地带,并尽快带回学校。同时,要尽快通知受伤学生的家长到医院陪护。

二、大型集体活动中常见安全问题的预防对策

(一)提前防范,增强预见性

所谓提前防范,是指在事故发生前做好应对异常情况的准备,在事故发生初期能够采取有效的措施,避免产生更严重的后果。

1. 要有预见性

入场前,首先要对场内的情况进行基本了解。注意观察所处场所、安全出口、安全通道、安全部位的位置,万一发生突发事件,方能从容脱险。要善于识别事故的先兆,不要参加管理松弛、秩序混乱或存在明显安全漏洞的大型活动。另外,发现周围的同学和朋友正在做有损安全的事,要把它视为对自己的威胁而进行制止。

2. 要随机应变

大部分事故都有突发性,使人猝不及防。无数经验证明,事到临头,临危不惧,保持冷静的头脑、理性的状态是化险为夷、转危为安,甚至死里逃生的重要主观条件。以火灾为例,火灾的发生往往是瞬间的,是无情的、残酷的。根

据火灾现场调查,在各种恶性火灾事故中,80%的死者都是因烟熏窒息而死,这是因为大部分人都缺乏逃生知识。如果不能正确地把握稍纵即逝的逃生机会,沉着冷静地运用逃生本领,那么很可能会从这个多姿多彩的世界里消失。对面临的事故,只有清醒而快速地做出反应,才能清晰地进一步寻求应变的对策,利用短暂的时间,抓住时机,减少盲动。平时,我们在掌握逃生和自救的知识和方法的同时,也要加强心理素质的训练。

> 在一起特大火灾中,一个10岁的小男孩看到舞台起火后,拉着表妹就往厕所里钻,最后被人救出。事后,小男孩说,他在电视上看过消防安全知识竞赛,知道火灾发生时厕所安全。

3. 要准确判断

只有判断准确才能保证采取行动的准确。准确判断是在极其危险的环境中,必须在极其短暂的时间内做出决定。判断内容主要包括:一是发生了什么事,其规模及危险程度;二是大家及自身的处境;三是能够争取的时间;四是能够借以的工具、物品等;五是摆脱险境的条件;六是群体互助的利弊。准确判断可以减少行动的盲目性、曲折性、无效性,增强其针对性、及时性和有效性。任何大型集体活动中的逃生和自救活动,都是以个人的心理素质和相关知识、技能为基础的。一旦遇到事故、灾难、事件等,要善于趋利避害、因势利导,化解不利因素,充分使用能尽快脱险的手段,使大家逢凶化吉,逃脱险境。

(二) 心态平稳,避免过激言行

在大型集体活动的场合,因为人多而集中,人与人之间的摩擦在所难免,因此,心态平稳、避免过激言行是特别重要的。无论在任何情况下,凡遇到这种情况,首先要保持平稳的心态,心平气和地同对方讲话,以理服人,不强词夺理,不恶语伤人,要文雅,不讲粗话,互相尊重,不讲大话,不盛气凌人。这并不说明你"软弱可欺",而恰恰证明了你的修养所在。其次,要保持健康的心理。一方面,在参加一些具有对抗性质的大型集体活动时,如体育比赛等,要注意保持情绪平稳,避免偏激的言行;另一方面,在参加大型集体活动时要有所甄别,认识到参加哪些活动对自己有益,哪些活动不适合自己,尤其要谨慎参加社会上举办的某些公共活动。

(三)自我克制,防止矛盾激化

矛盾的发生和进一步激化往往与不能自我克制、不能冷静对待有着紧密的联系。无论争执和矛盾由哪一方引起,都要保持冷静的态度,绝不可情绪激动,要大度些,虚怀若谷,对于那些可能发生摩擦的小事,要宽容,最好一笑了之。在发生矛盾时,要认真听取他人的意见,认真进行自我批评,宽容他人的过失,处理好相互的矛盾。要做到自己绝不用言语先伤害别人,当别人用语言伤害自己的时候,也能承受得起。

(四)遵章守纪,服从统一管理

首先,大型集体活动一般都有组织,都会安排专人带队或设有专门的安全保卫人员,他们对现场的情况了解得比较全面,也能比较及时地发现场内的不安定因素,同时具有一定的防灾避险知识,一旦发生紧急情况,他们会按照预定部署进行事态平息或人员疏散工作,从而使事故的危害降至最低点。而作为众多参加人员中的一员,在沉着应变,准确判断的前提下,要正确理解指挥人员下达的命令,同时做到整体服从、原则服从与机动灵活相结合。遇到事故,要在指挥者的命令下有秩序地撤离。大型集体活动中如发生安全事故,指挥人员一般会要求受害群众采取多元、多向紧急疏散措施,所以,大家要克服趋同、从众心理,不要向同一方向乱跑。慌乱的人群高度密集,必然会堵塞通道,形成互相挤踩,人为扩大损失的后果,这样的教训是非常惨痛的。

图 5-1 所示为拥挤的地铁站。

图 5-1 拥挤的地铁站

2014年12月31日夜间11时35分左右,上海外滩因人群拥挤发生严重的踩踏事件,造成36人死亡、49人受伤。其主要原因就是对大规模的群众性活动预防准备不足、现场管理不力、应对处置不当,从而引发拥挤踩踏并造成重大伤亡和严重后果。

另外,如果条件允许,要积极协助他人脱离险境。未受伤的要救助伤者,强者要救助弱者,男的要救助女的,竭尽全力争取全体成员都脱离险境,这是在群体自救中必须遵循的原则之一,是无声的命令。

总之,只要大家在灾难面前保持清醒的头脑,采取科学的逃生和自救手段,步调一致,共同努力,大型集体活动中的安全问题是可以预防的,各种灾害、灾难也是可以战胜的。

第六章 大学生健康教育

第一节 生理健康教育

一、生理健康教育概述

生理健康教育是全面发展教育的重要内容之一。长期以来,人们单纯地将疾病作为健康的标准,限制了对生理健康的深层次理解。由于传统观念的影响,当前高校生理健康教育面临着艰巨的任务。

(一)生理健康的科学概念

生理健康是健康的基础,指人体结构完整,生理功能正常。健康不单是生理健康,还包括心理健康,所以,人的生理、心理与社会适应处于完满状态才是健康。虽然生理健康还没有准确的科学定义,但人们通常把生理健康推断成有以下几种特点的生命活动。

1. 食得快

食得快并不是狼吞虎咽,而是吃饭时不挑食、不偏食,没有难以下咽的感觉。

2. 便得快

能很快排泄大小便,且感觉轻松自如,便后没有疲劳感,说明胃肠肾功能良好。

3. 睡得快

晚间定时有自然睡意,上床后能很快入睡,而且睡得深;醒后头脑清醒,精神饱满。说明中枢神经系统的兴奋、抑制功能协调,且内脏无病理信息干扰。

4. 走得快

诸多病变导致身体衰弱先从下肢开始。人患有一些内脏疾病时,下肢常有沉重感;心情焦虑、精神抑郁或心理状况欠佳时,往往感到四肢乏力。走得快说明精力充沛,身体状况良好。

(二)健康教育的学习要求

在我国,健康教育长期以来被称为"卫生宣传""卫生宣传教育"。迄今为止,高等院校的健康教育还没有真正地开展起来。西方国家将健康教育列为专门的教学内容并执行规定的健康标准,与之相比,我国的健康教育才刚刚起步,其中尚存在一定的差距。为了造就合格人才,在健康教育方面我们要急起直追。

我们应当认识到,健康教育和一般教育一样,关系到人们的知识、态度和行为的改变。大学健康教育工作的着眼点,在于引导并鼓励大学生养成有益于健康的生活习惯,合理地、明智地利用已有的保健措施,自觉地投入到改善个人和集体健康状况的活动中去。学生在受教育的过程中,要系统地进行健康知识学习,同时要增强自我保护意识,从而为自己的生理健康奠定良好的基础。

1. 建立健康的生活方式

首先,要养成有规律的生活、学习和休息习惯。在生活上,养成良好的饮食卫生习惯,切忌暴饮暴食。吃是为了给机体提供足够的营养,保证机体的正常发育和能量供应,因此不要偏食,以保证机体的营养需要。暴饮暴食将伤害机体的肠胃系统,影响身体健康;更不能空腹去上课,机体长时间得不到能量的补充,将出现血糖降低、神经性肌肉震颤、头晕,严重者会出现休克。长期如此,不但听课没有精神,注意力不易集中,而且有害于身体健康,影响正常学习。要遵守作息制度,晚上按时就寝,早晨按时起床;在学习和休息上,注意劳逸结合。

2. 积极参加身体锻炼

生命在于运动,要拥有健康的身体,必须坚持锻炼。人体在适宜的运动过程中,机体将产生一系列适应性变化,其结果是"健身防病"。例如,日常生活中经常相伴大学生的是单一的坐姿,该姿势使颈、肩、背、下肢等肌肉群持续紧张,日久可能诱发多种疾病。而通过适度的锻炼,可使这些肌肉群得到积极性休息,从而可以预防各种疾病的发生。

3. 学会自我心理调整

心理健康教育的目的是增强自我意识,学会自我控制、自我调节与自我重建。大学生在生活和学习中,免不了遇到不如意、不顺心的事,遭遇失败和挫折。心理健康的人,就有能力化解这些烦恼,生活得潇洒自在、丰富多彩;而心理不健康的人,往往被烦恼所累,感觉生活艰难,严重者甚至丧失活下去的勇气。可见,提高心理抗干扰能力,是大学生健康学习的重要指向。

4. 树立正确的人生观

新时期的大学生应有远大的理想和宏伟的目标,要树立在今后的工作岗位上有所作为的思想;要有意识地参加或组织各种集体活动,通过这些活动陶冶自己的情操,改善人际关系,增强责任心和自尊心;要正确看待自己,尊重师长,关心同学;要加强合作精神,培养自己的团队意识;要正确处理个人与集体的关系,提高自身素质;要通过不断的自我努力,促进健康心理和高尚品德的形成和发展,以便将来朝气蓬勃地走向社会。

二、体育卫生常识

体育与卫生,是保证学生健康成长的两个不可分割的部分。不运动,健康则缺乏外来作用与活力;不卫生,健康则失去内在环境与生机。体育卫生,从概念上讲是体育活动者在运动时应遵守的卫生要求,从实践上讲是体育锻炼中应掌握的运动生理卫生知识。

(一)女子体育与卫生保健

大学女生经常参加体育锻炼,不仅可以促进身体发育,增进健康,提高身体各器官、系统的功能水平,更好地承担各项学习任务,而且可以使身体各部分肌肉得到协调均匀的发展,使腹肌、腰背肌和盆底肌的肌肉力量得到增强,这对她们今后的生活有着很大的益处。因此,大学女生要重视体育锻炼,并在运动项目的选择和运动量的安排方面考虑到自身的生理特点。

1. 女子运动的特点

女性在解剖生理上有自己的特点。在体形方面,女子肩部较窄,骨盆较宽,躯干相对较长,这使得女子的身体重心较低,有利于维持平衡,对完成下肢支撑的平衡动作较为有利;在运动系统方面,女子的骨骼较细小,肌肉重量占体重的比例较小,下肢脂肪多,这使得女子的肌肉力量较弱,但女子的脊柱椎间软骨相对较厚,同时关节囊、韧带较薄,弹性及柔韧性较好,所以腰部和关节活动范围大。因此,女子适宜参加艺术体操、健美操、游泳等体育活动。

2. 女子月经期的体育卫生保健

月经是女性的正常生理现象。适当的体育锻炼能提高神经系统的调节能力,改善情绪和人体功能,同时,腹肌和盆底肌的交替收缩和放松对子宫起到按摩作用,有利于经血的排放。因此,只要不是严重的痛经和经血量过多,可不必过分限制女子在经期参加体育锻炼。

（二）体育锻炼与环境卫生

人体健康与周围环境有着密切的关系,每个人都在一定的环境中生活、学习、工作。我们的一切活动都会影响环境,而环境的变化反过来又会影响我们的生活和健康。运动环境是指人们进行体育锻炼时所处的空气、水、土壤、运动场馆、运动器材等外界条件,它们的状况对人体的生理机能、身体健康、锻炼效果有不同程度的影响。人体有适应环境的能力,但当环境的某些状况超过人体的适应能力时,这些状况就成了对人体有害的因素。例如,过高或过低的气温、湿气、空气污染、运动场馆过暗的光线等,都会对人体造成不良刺激,妨碍生理机能正常运行,形成一定的伤害。因此,每一个大学生都应当对运动环境的各种因素及其对人体的影响有所了解,以便合理地利用良好的环境因素,改变或避开不良的环境因素,从而更好地锻炼身体、增强体质。

（三）运动保健必备常识

在体育锻炼和运动竞赛中,参加者在身心两方面常有与往日不同的感受,由此会产生许多问题,解答这些问题,对我们正确认识与参加体育活动,都有着积极的意义。

1. 什么是肌肉酸痛

每个人对肌肉酸痛都不陌生,无论是在进行不习惯的体力活动后,还是在进行超负荷的运动训练后,均会产生这种感觉。肌肉酸痛可分为即刻痛和延迟痛两种,即刻痛是运动中和运动后很快便能感到的肌肉酸痛,一般很快会消失;延迟痛是运动后8~24小时产生的肌肉酸痛,可持续1~2天甚至更长时间。肌肉酸痛的发生机制目前还没有定论,一般认为有以下原因:①因代谢产物,特别是乳酸的堆积所致,认为代谢产物堆积可刺激神经末梢或引起局部水肿;②因运动引起血液循环跟不上,即缺血所致;③大强度运动可能引起肌肉本身损伤而致痛;④因肌肉痉挛而致痛。

肌肉酸痛是一种正常现象,通常经过运动量的调整和休息,酸痛现象就会自然消失。如果肌肉酸痛得很厉害,可以进行局部热敷或按摩,也可以用松节油揉擦,加强局部血液循环,可减轻肌肉酸痛。

2. 心跳快慢与寿命的关系

心脏跳动作为高级动物的生存标志,停止跳动便意味着有死亡的危险。心脏的强弱是左右寿命长短的重要因素。一般说来,心脏功能越强,心跳次数就越少,心脏相对休息的时间就长,因而寿命也越长。假定人的平均寿命为70岁,安静时的平均心跳为每分钟70次,则一辈子心脏跳动约25.8亿次。一位经常参加体育锻炼的人心跳为每分钟60次,则70年共跳动22亿次,加上每天运动1小时,运动时心跳为每分钟150次,总数也不超过23.4亿次。这样,经常参加体育锻炼的人的心脏比一般人一生要少跳动2.4亿次。根据前面所述的原则,锻炼者比不锻炼者可多活7.2岁,即能活到77.2岁。

3. 什么是极点和第二次呼吸

在进行中长距离跑步的时候,中途往往会出现胸部发闷、呼吸困难、脉搏加快、血压升高、四肢无力、动作迟缓甚至想呕吐等现象,运动生理学中把这种现象称为"极点"。极点的产生,主要是由于身体从安静状态突然转入剧烈运动,内脏器官惰性较大,一时难以适应运动器官的需求而使部分系统机能出现暂时性紊乱。这时,如坚持下去,放慢速度,加深呼吸,就会很快渡过这道"难关"而使呼吸均匀,感觉轻松,这种现象称为"第二次呼吸"。第二次呼吸的产生是由于"极点"的刺激使交感神经兴奋性增强,从而提高了内脏器官的功能,使之与肌肉运动相适应,缓和了刚才出现的矛盾。内脏器官与运动器官协调一致后,人体运动能力才能得到充分发挥。"极点"和"第二次呼吸"都是正常生理现象。

4. 运动时应当怎样补充水分

人在运动时需要消耗能量,水分也随着体热的散发而减少,人体还通过呼吸和排汗丢失水分。运动时所损失的水分,一般应在运动后逐渐补充。人体对水的吸收量,每小时不超过800毫升,一次饮水量不宜过多,以多次少量为好。此外,在运动前和运动中不应大量饮水,一是会加重身体负担,容易引起胃肠不适;再者对运动本身并无益处。如果运动时间较长或极度口渴,可少量饮用饮料或用温水滋润咽喉,暂时缓解一下。

5. 人体内的酸碱平衡

机体的组织细胞只有处在适宜酸碱度的体液环境中,才能进行正常的生命活动。细胞外液正常的pH值为7.35～7.45,是一个变动范围很窄的弱碱性环境。虽然机体在代谢过程中不断生成酸性或碱性物质,也经常摄取一些酸性或碱性食物,但主要有赖于血液的缓冲体系、肺的呼吸、肾脏及组织细胞的调节作用,来共同维持体内的酸碱平衡。若血液pH值的波动超过正常范围,就会影响体内各种酶的活性,从而扰乱组织细胞的新陈代谢、兴奋性,引起各种生理机能的紊乱,同时会影响大脑的pH值,造成大脑神经抑制功能紊乱。

而经常进行适宜的体育锻炼,可使血液的缓冲能力提高。

6. 体温与运动的关系

我们知道,动物和人的机体每时每刻都在产生着热量,以维持生命的活动。现代运动生理学的研究表明,参与人体代谢过程的各种酶系统,在一定的温度范围内,随着人体体温的升高,其活性也提高。高等动物体内各种酶的适宜温度是30~40℃,所以,当体温下降时,代谢速率也随之下降;当体温升高到某一限度以上时,代谢过程也会发生严重障碍,甚至会导致机体死亡。

肌肉运动也会产生大量体热,如果产生的热量超过散发的热量,体温就会暂时超出正常水平,但经过短暂的休息后又可迅速恢复正常。人体在安静时和运动时的产热量是大不相同的。据研究测定,人体运动时的产热量要比安静时高出10~15倍。当人体处于安静状态时,骨骼肌的产热量只占全身产热量的20%左右,呼吸循环系统和脑脊髓活动的产热量约占30%,其余50%的热量主要来自肝、肠、肾及其他腺体组织。

当人体进行运动时,各部位的产热量就会发生重大变化,这时骨骼肌成为最主要的产热器官。在运动最激烈的时候,骨骼肌的产热量要占人体总产热量的90%以上。由于骨骼肌具有如此巨大的产热潜力,故其在维持体温恒定方面具有特别重要的意义,对运动员的竞技能力也有重要影响。在寒冷条件的刺激下,肌肉不自主地战栗所产生的能量全部以热的形式释放出来,因而人们在寒冷的环境中常以加强肌肉活动来温暖身体;而在炎热的环境中,人们常使肌肉松弛,以此来抑制热量的产生,其道理都是一样的。此外,血流量和血液流动速度也随着周围环境温度和体温的变化而发生变化。一般来说,在寒冷的环境中,血液流动就慢,皮肤温度也低。

第二节 心理健康教育

现代意义上的健康不仅指生理上的健康,还包括稳定的心理状态和较强的社会适应能力,心理健康问题已经引起人们格外的关注。大学阶段是大学生社会化的重要时期,由于许多主客观原因,不少大学生出现了一些心理健康方面的问题,给他们的生活和学习带来了干扰和影响。因此,开展和加强大学生心理健康教育,维护和提高大学生心理健康水平,避免和消除各种心理问题、疾病的发生,成为高等教育的重要内容之一。

一、健康与心理健康

（一）健康与心理健康的概念

健康是人类的基本需求之一，是每个人所渴望的。长期以来，人们一直认为"没有查出病就是健康"，后来有人把健康定义为人体各器官、系统发育良好、功能正常、体格健壮、精力充沛并具备良好劳动效能的状态。这个定义虽然正确指出了健康的若干特征，但不够全面，因为人除了身体之外，还有与之密切联系的心理。因此，世界卫生组织在其给出的健康定义中提出了全面健康的三要素：无躯体疾病，无心理疾病，具有社会适应能力。这一定义促使人们树立健康的新观念：健康包括躯体健康和心理健康，舍弃任何一个方面都不能达到真正意义上的健康。

那么，一个人怎样才算心理健康呢？有关心理健康的含义，目前尚无定论。有人认为心理健康是指人们对于环境具有高效而快乐的适应情况；有人认为心理健康应是一种积极、丰富而持续的心理状态，个体在这种状态下适应良好，具有生命活力，能充分发展其身心潜能，而不仅仅免于心理疾病；有人认为心理健康表现为积极性、创造性、人格统一，有行动热情和良好的社会适应力。

目前，较为普遍的观点认为，心理健康是指能够充分发挥个人的最大潜能，以及妥善处理和适应人与人之间、人与社会环境之间的关系。具体地说，它包括两层含义：其一，无心理疾病；其二，积极发展的心理状态，能顺应环境并有效地、富有建设性地发展和完善个人生活。"无心理疾病"是心理健康的最基本条件，心理疾病包括各种心理及行为异常情形，但正常和异常并无明显的界限。"积极发展的心理状态"则是从积极的、预防的角度，消除一切不良的心理倾向，在适应的同时，努力改进环境，不断完善自我，以促进心理健康，使心理处于一种最佳状态。

（二）大学生心理健康的衡量标准

进行大学生心理健康研究和教育，首先要确定大学生心理健康的标准。人的心理怎样才算健康？以什么作为健康的标志？这些是非常复杂的问题。因为心理健康和不健康之间没有一个明确的界限，不像躯体的生理活动，如脉搏、血压等那样明显。

美国心理学家马斯洛等提出的10条心理健康标准,受到人们的普遍重视和引用,被认为是心理健康标准的"标准"。它包括:①有足够的自我安全感;②能充分地了解自己,并能对自己的能力做出适当的评价;③生活理想切合实际;④不脱离周围现实环境;⑤能保持人格的完整与和谐;⑥具有从经验中学习的能力;⑦能保持良好的人际关系;⑧能适度地发泄情绪和控制情绪;⑨在符合集体要求的前提下,能较好地发挥个性;⑩在不违背社会规范的前提下,能恰当满足个人的基本要求。

参照上述心理健康的一般标准,结合我国大学生的心理特征及特定的社会角色,我们认为大学生心理健康的标准可概括如下。

1. 完整的人格

大学生应具有相对稳定的人生观和生活信念。完整的人格表现为正常的行为和意志,能够将自己的愿望、信念同行动统一起来,并保持与环境的相对协调性。心理健康的大学生具有统一的社会态度、合理的社会情感及协调的社会行为,能够准确地根据其社会角色需要对行为做出选择与判断。他们乐于学习、性格开朗,对生活充满信心与希望。

2. 正常的智力水平

正常的智力水平也是健康心理的基本要素之一。具有与年龄阶段相适应的智力水平是大学生进行正常学习和生活的最起码条件。大学生只有拥有正常的智力,才能胜任繁重的学习任务,培养较强的自信心和自我认识能力,从而避免学习成绩差导致的心理压力或可能出现的自卑心理与挫折感。

3. 和谐的人际关系

心理健康的大学生乐于与人交往,能认可别人存在的重要性和作用,能融于集体中,在与人相处时,积极的态度(如友善、同情、信任)总是多于消极的态度(如猜疑、嫉妒、敌视),因而在社会生活中有较强的适应能力和较充分的安全感。一个心理不健康的大学生,总是与周围的人格格不入,远离集体。

4. 正确认识自己、接纳自己

一个心理健康的大学生,应能够体验到自己存在的价值,既能了解自己又能接受自己,对自己的能力、性格和优点能做出恰当、客观的评价,不会对自己提出苛刻、非分的期望与要求;同时,努力发展自身的潜能,这样,即使自身有无法弥补的缺陷,也能安然处之。而一个心理不健康的人由于缺乏自知之明,给自己定的目标往往不切实际,又易过高或过低估计自己,总是陷于自傲、自卑的漩涡中,心理无法保持平衡。

5. 稳定、乐观的情绪

心理健康的大学生能适度地表达和控制自己的情绪,不随意放纵自己。在应激状态下,情绪稳定的大学生身心处于协调状态,中枢神经的兴奋与抑制过程保持平衡、稳定。心理健康的大学生心胸开阔、情绪稳定、热爱生活,对未来充满希望,较少出现情绪波动。

6. 坚强的意志

坚强的意志在行动上表现为果断、坚决,有较强的抗挫折能力,能够较好地控制自己的情绪及欲望,有较强的满足延宕能力。意志坚定的大学生自主能力较强,不过分依赖别人,面对挫折和困难能够调整自己的心态,采取合理、积极的解决办法。爱因斯坦曾说过:"优秀的性格和钢铁般的意志比智慧和博学更为重要。"智力上的成就很大程度上依赖于性格上的伟大,这一点往往超出人们通常的认识。意志坚强的人,其心境一般都比较健康。

7. 能较好地适应现实环境

心理健康的大学生能面对现实、接受现实,并能主动适应现实、改造现实;能对周围事物和环境作出客观的认识和评价,并能与现实环境保持良好的接触;对生活、学习和工作中的各种困难和挑战都能妥善处理。心理不健康的大学生往往以幻想代替现实,不敢面对现实,没有足够的勇气接受现实的挑战;总是抱怨自己"生不逢时"或责备社会环境对自己不公平,怨天尤人,因而无法适应现实生活。

8. 适度的社会心理反应能力

健康的大学生对于社会刺激拥有正常的心理反应能力,反应敏捷但不过于敏感;心理不健康的大学生则反应迟缓,表现为异常兴奋或异常冷漠。

(三)维护大学生心理健康的意义

促进大学生心理健康是大学生本人及教育工作者责无旁贷的义务。开展大学生心理健康教育指导,启发和开导大学生走出心理误区,无论是对国民素质的提高,还是对大学生的人生发展都具有重要的现实意义。

1. 维护大学生心理健康具有重要的现实意义

很长时间以来,学校、社会包括家长没有充分重视大学生的心理健康状况,片面强调大学生的学业成就和道德教育,导致大学生的心理健康状况每况愈下,引发了许多心理健康问题,甚至出现严重的心理疾病。大学生的个性品质可塑性较大,如果能及时发现学生的心理疾病并进行诊治,可望得到较好疗效。但长期以来,大学生的心理障碍被错当成思想问题处理,直接影响大学生的学习、生活和身心发展。由此可见,充分重视大学生心理健康教育并采取积极的措施救治大学生的心理疾病,具有十分重大的现实意义。

2. 为国家输送合格的人才

传统教育体制偏重升学率,忽视了学生的个性发展,导致许多大学生在进入高校以后缺乏独立生活的能力,遇事缺乏主见和独立思考能力。在个性上表现为易变,不成熟,情绪波动较大,缺乏坚强的意志力。

另外,由于早期生活经历的不良影响和缺乏足够的生活经验,许多大学生缺乏抗挫折能力,并且容易产生脱离现实的虚幻想法,将生活想象得过于完美,一旦遇到一点波折,便产生消极的心理反应,导致情绪恶化,甚至产生厌世情绪。及时发现学生的心理问题并予以疏导,能使这些心理疾病得到控制,避免情绪进一步恶化。

现代意义上的人才不再是那种高分低能的"高才生"。社会需要大学生拥有综合能力,不仅要全面发展德、智、体、美,而且要拥有较高的心理素质和社会应变能力。

3. 能够促进良好的人际关系,优化校园气氛

现代意义上的健康离不开协调人际关系的能力。大学生在与他人相处时,应以诚相待,体谅、尊重别人,以愉快的心境和态度接纳同学。开展大学生心理健康教育指导能够培养大学生健康的人格与协调人际关系的能力。嫉妒、憎恨和怀疑别人容易导致心理疾病,应当尽力避免这些心理的滋生,既不孤芳自赏,也不拒他人于千里之外。这样便能促进良好的人际关系,增强集体主义观念,提高团队的凝聚力。

4. 健康的心理有利于大学生自身的发展

大学阶段是人生观形成的关键时期,这一阶段大学生不仅要形成完整的人格,而且要为今后的发展做好各方面的准备。由于许多原因,大学生容易产生心理上的波动,这是正常现象。但如果缺乏正确的指导,他们极易将这些消极心理过分夸大或忽视,日积月累,便会出现小毛病,小毛病又会逐渐升级,演变为严重的心理疾患,一旦形成恶性循环,便很难医治。

高校曾经发生的大学生自杀事件,这些大学生因为心理过于脆弱,承受不了生活或学习上的压力,而选择放弃自己宝贵的生命,实在令人惋惜。因此,学校、社会及家庭要更多地关心大学生的心理健康,从多种渠道减少心理疾病的诱发因素。这是极严肃的、关系国家前途的大事,因为大学生是国家的栋梁与未来,同时,大学生的心理是否健康也直接影响其今后的发展与生活。

二、大学生心理健康现状与教育对策

(一)大学生的心理健康状况

大学生作为中国文化层次较高的年轻群体,如果仅仅从躯体疾病的角度看,他们患各种严重躯体疾病的比例并不高,但从心理健康的角度来分析,情况则大不一样。研究和统计结果表明,许多大学生在心理上的确存在一系列的不良反应和适应障碍,而且有相当数量的在校生存在不同程度的心理障碍,有的甚至到了非常严重的程度。

首先,对许多大学休退学人数的统计表明,心理健康不良已成为大学生辍学的主要原因,其比例占整个休退学人数的30%左右,而且这一数字呈逐年递增的趋势。理工科学校竞争压力大,因此学生因心理障碍而休退学的比例更高。

其次,1989年国家教委的一份调查报告指出:对全国12.6万名大学生进行抽样调查,有20.23%的学生患有心理障碍和心理疾病。西北大学在对1992—1995年休学、退学的133名大学生的分析中发现,其中患神经衰弱症、精神分裂症的有4人,占总人数的3%。有报告表明,关于当代大学生的心理障碍发生率,最高的统计数字已接近30%,且人数正以10%的速度递增。在国外,美国杜克大学1981—1982年对大学生的心理卫生调查中,有11.5%的大学生因心理问题而进行心理咨询和治疗。Lloyd Cartrell(1984年)指出,大学生中约4%~18%的人因心理问题而需要帮助。Erie等人对南斯拉夫贝尔格莱德大学医学院1997年入学的大学生的调查表明,新生中各类精神疾病患病率为16.2%;两年后对他们复查表明,总患病率为17.5%。这说明激烈的社会竞争正步步逼近学校,使学生压力不断增大,这种现象在世界范围内具有普遍性。

结合上述测试与调查结果,可以对大学生心理健康状况做如下估计。

(1) 从大学生心理健康的总体水平看,在校大学生中出现心理障碍倾向的约占学生总数的30%,其中存在较严重心理障碍的约占学生总数的10%。大学生中存在的主要心理障碍为神经症,包括人际关系敏感、抑郁、偏执和敌对、强迫症状等心理问题。

(2) 尽管大学生中存在如此普遍的心理障碍问题,却只有极小部分学生接受了心理咨询方面的专业帮助。这就说明,在大学生中广泛而有策略地推行心理咨询,宣传心理健康知识,帮助学生保持健康心理,具有十分重要的意义。

(3) 不同年级大学生的心理健康状况是有差别的,低年级学生心理问题较多,三、四年级学生心理健康状况有所好转。学生心理健康状况存在女生差于男生的性别差异,农村学生心理健康问题比城市学生多。

(二) 大学生心理健康教育的对策

针对目前大学生的心理健康状况,可以采取以下措施对大学生进行心理健康教育。

(1) 为了保护和增进大学生的心理健康,高校在不断加强思想教育工作的同时,应大力开展大学生的心理健康教育工作,并有组织、有计划地开展大学生心理健康问题研究,对大学生心理健康问题做恰如其分的分析,采取有效的措施提高大学生心理健康水平。

(2) 向大学生广泛地传播心理卫生知识,帮助他们建立维护个人心理健康的自觉意识,如学会保持健康的情绪、建立良好的人际关系、学会自娱,等等。

(3) 建立完善的心理咨询机构,将宣讲与咨询紧密结合起来。在定期向学生宣讲心理卫生知识的同时,为有心理问题的学生进行专业指导,以帮助他们解决在学习、生活等方面的心理问题,使之更好地适应环境,保持心理健康。

(4) 大学体育教育应系统地加入心理健康教育内容,在体育教学中有意识地使学生身心放松,达到性格随和开朗、情绪愉快稳定、思维敏捷正常,这样可以有效地改善学生的心理环境,达到增强学生心理健康的目的。

第三节 体育运动与伤病治理

运动伤病是指在体育锻炼过程中发生的各种损伤和生理机能下降导致的各种运动性疾病。为了减少和预防运动伤病,大学生应当了解运动伤病的诱发机制,并掌握一般的治疗处理方法。

一、运动伤病的主要诱因

导致运动伤病的原因有很多,有些原因至今尚未被人们完全认识。目前,人们对运动伤病的解释一般包括以下几点。

(一) 各项运动的技术特点

各种运动项目都有自己的技术特点,身体各部位的负荷量也不尽相同。因此,每项运动都有它的易伤部位。例如,篮球运动的技术特点是在防守和进攻中急停、启动、转身运动频繁,膝关节经常处于半蹲位发力或扭转状态,易引起髌骨与股骨关节面之间的异常错位、撞击、捻转、摩擦,从而导致髌骨劳损;体操的技术特点是支撑、跳跃、翻腾、转身等,故易发生肩、腕、腰、膝诸部位的损伤;投掷时,肩关节发生急剧旋转,容易引起肩轴和肱二头肌腱损伤等。

(二) 局部解剖生理特点

机体的某些组织处于特殊的解剖位置,在运动时可能与周围组织发生挤压和摩擦,如肩袖肌;局部组织在结构上较为脆弱,抗拉和抗折能力相对较差,在一定外力作用下易造成损伤,如髌骨软骨;有的关节在一定的屈曲角度时稳定性下降,关节面之间易出现"不合槽"运动,从而引起捻错与摩擦,如膝关节半蹲位发力等。

(三) 准备活动不充分

准备活动是各项运动的前奏,它使体育锻炼者从身体和心理两个方面都达到与正式运动相适应的状态,使身体中的肌肉、关节、韧带、内脏器官和大脑皮层的运动中枢的兴奋性达到适应剧烈运动的能力。因此,准备活动不充分或不做准备活动,就进入紧张的正式运动,是肌肉拉伤和关节扭伤的一个原因。

(四) 超负荷运动

锻炼者没有考虑到自身的生理特点,或休息不够,病后体弱,就进入剧烈的运动,会因无法承受超负荷、超体能的训练,而发生伤病。

(五) 不良心理状态的影响

锻炼者的心情不好、情绪低落或急躁、缺乏锻炼的积极性或急于求成、胆小犹豫等,都可成为运动伤病发生的原因。如某些大学生,缺乏锻炼知识与经验,好奇心大,好胜心强,不顾主观和客观条件,盲目地或冒失地参加运动,就容易发生伤病。

（六）不良气候的影响

气温过高易引起疲劳和中暑；气温过低易发生冻伤，或因肌肉僵硬、身体协调性降低而引起肌肉韧带损伤；潮湿高热易引起大量出汗，易发生肌肉抽筋；光线不足会影响视力，导致兴奋性降低和反应迟钝，从而失去自我保护能力，容易受伤。

（七）动作粗野或违反规则

在比赛中不遵守比赛规则、动作粗野、故意犯规等，特别在足球、篮球竞赛中，容易导致运动创伤。

二、运动伤病的治理

客观地说，运动伤病几乎是不可避免的。但是，运动伤病并不可怕，只要对症下药，通常能做到"药到病除"。

（一）运动性病症

运动性病症是机体对运动应激因子不适应或训练安排不当而造成体内紊乱所出现的一类疾病、综合征或机能异常，如运动性腹痛、运动性贫血、过度训练综合征等。

1. 肌肉酸痛

在一次活动量较大的锻炼之后，或长时间未锻炼而突然激烈运动之后，肌肉会出现酸痛现象。这种酸痛不是训练后即刻发生的，而是发生在运动后 1~2 d，因此称为延迟性疼痛。

1）原因

肌肉活动量大，引起局部肌纤维及结缔组织的细微损伤或痉挛。

2）表现

肌肉酸痛难忍，肿胀。

3）处理

（1）局部热敷或按摩，促进血液循环，有助于修复损伤组织及缓解痉挛。

（2）对酸痛部位进行静力牵张，保持伸展状态 2 分钟，休息 1 分钟，每天几次，有助于缓解痉挛。

（3）口服维生素 C 有促进结缔组织中胶原纤维合成的作用，有助于加速修复受损组织修复和缓解酸痛。

2. 肌肉痉挛

肌肉发生不由自主地强直性收缩,就是肌肉痉挛,俗称"抽筋"。运动中最易发生痉挛的肌肉为小腿腓肠肌,其次是足底的屈拇肌和屈趾肌。

1) 原因

(1) 寒冷刺激。如在冷水,冷空气等环境中锻炼时,或准备运动不足,或不注意保暖。

(2) 电解质失调。特别是夏天运动时大量出汗,使体内电解质平衡失调。

(3) 肌肉连续过快收缩而放松不够,以致收缩与放松不能协调地交替进行。

(4) 疲劳。疲劳时血液循环和能量代谢差,乳酸堆积,不断地对肌肉收缩物质起作用,引起痉挛。

2) 表现

痉挛肌肉僵硬、疼痛难忍,痉挛肌肉所涉及的关节不由自主地屈曲,难以伸直。

3) 处理

(1) 不严重者可采取对抗牵引法,即以相反的方向牵引痉挛的肌肉,一般可以缓解。注意牵引时切忌用暴力,用力应均匀、缓慢,以免造成肌肉拉伤。如腓肠肌痉挛时,可伸直膝关节,同时用力将踝关节充分背伸;屈拇肌和屈趾肌痉挛时,可用力将足和足趾背伸。此外可配合局部按摩,如采用重力按压、揉捏、点掐、针刺委中、承山、涌泉等穴位。严重时需采用麻醉才能缓解。

(2) 离开寒冷的环境,注意保暖,喝些盐水。

3. 运动性腹痛

腹痛是运动过程中较为常见的一种症状。

1) 原因

(1) 胃肠痉挛。主要是饭后过早参加运动或运动前吃得过饱,使胃肠受到刺激,以及剧烈运动使胃肠道缺血、缺氧或瘀血。

(2) 肝脾瘀血引起胀痛。主要是血液回流受阻而淤积于肝脾而引起的胀痛。

(3) 腹腔内、外疾患引起,如肝炎、胆道疾病、消化道溃疡、阑尾炎等。

2) 表现

腹部有钝痛或绞痛感。

3）处理

一旦发生运动性腹痛,应减慢运动速度,加深呼吸,调整呼吸和运动节奏,用手按压疼痛部位或弯着腰跑一段距离,一般可缓解疼痛。如果上述方法无效或疼痛加重,应立即停止运动,口服解痉药(十滴水或溴丙胺太林)或者点掐、针刺足三里、内关、三阴交等穴位,同时进行腹部热敷,一般可解除疼痛。若仍然无效应去医院就诊。

4. 运动性贫血

血液中红细胞数与血红蛋白量低于正常值(男性红细胞数低于400万/立方米,血红蛋白量低于120克/升;女性红细胞数低于350万/立方米,血红蛋白量低于105克/升;14岁以下儿童,不论男女,血红蛋白量低于120克/升)称为贫血。由运动引起的贫血,称为运动性贫血。

1）原因

(1) 运动时,肌肉对蛋白质和铁的需求量增加,而摄入量不足。

(2) 运动引起红细胞破坏增加。运动时,脾脏释放的溶血卵磷脂能使红细胞的脆性增加,加上运动时血流加速,易引起红细胞破裂而死亡。

2）表现

运动性贫血发病缓慢,其主要症状有头晕、恶心、呕吐、气喘、体力下降以及运动后心悸、心率加快、脸色苍白等。

3）处理

应减少运动量和运动强度,避免长跑等耐力性运动。当男子血红蛋白量低于100克/升,女子低于90克/升时,应停止训练,以治疗为主。同时补充富含蛋白质、铁、维生素的食物,服用维生素C、胃蛋白酶和抗贫血类药物。

(二) 运动性损伤

1. 软组织损伤

软组织损伤在运动伤病中最为多见,根据伤后皮肤或黏膜的完整程度可分为开放性软组织损伤和闭合性软组织损伤。

1）开放性软组织损伤

(1) 种类:擦伤、切伤、刺伤、裂伤等。

(2) 表现:疼痛或剧烈疼痛、外出血,重者有休克现象。

(3) 急救处理。较轻的擦伤出血少,用1%～2%红汞或1%～2%甲紫涂抹就能止血;若损伤面积大,伤口深,需先用2.5%碘酒和75%酒精在伤口周围消毒,再用生理盐水清洗伤口,清除异物后,用消毒纱布进行包扎。

对于出血较多的裂伤、刺伤和切伤,首先止血,注意保护伤口,加压包扎。若患者有休克现象,则首先要处理休克并及时送医,彻底止血,处理伤口,必要时进一步检查是否有内伤。

2) 闭合性软组织损伤

(1) 种类:挫伤、肌肉拉伤、关节扭伤。

(2) 表现:轻者有短时轻痛,重者有明显肿胀、瘀斑(软组织内出血)和疼痛。如果有肌肉断裂,触摸局部会有凹陷现象。

(3) 处理:加压包扎或冷敷,控制内出血和疼痛。急性软组织损伤切忌48 h内在伤处进行大力按摩,这样会加重内出血、肿胀,使伤情恶化。严重者应及时送医院做进一步处理。

2. 脱臼

脱臼又称关节脱位,是指关节面失去正常的联系,根据脱位的程度可分为半脱位和完全脱位。严重时会伴有关节囊撕裂,关节周围软组织损伤,以及损伤神经或伴有骨折。

1) 表现

(1) 受伤关节疼痛、压痛、肿胀。

(2) 关节畸形,关节囊空虚,肢体缩短。

(3) 关节功能丧失。

2) 急救

没有整复技术时,不可随意做整复手术,以免加重损伤,此时应立即用夹板和绷带在脱位所形成的姿势下固定伤肢,使伤员保持安静,尽快送医院处理。

3. 休克

休克是人体受到强烈的有害因素作用而发生的一种急性循环功能不全综合征。

1) 表现

虚弱、表情淡漠、反应迟钝、面色苍白、四肢发冷、脉搏细速、尿量减少、血压下降,严重者会昏迷,甚至死亡。

2) 急救

使患者安静平卧或采用头低脚高仰卧位(呼吸困难者不宜采用),保暖但不要过热。昏迷者头应侧偏,并将舌牵出口外,必要时可给氧或进行人工呼吸,可针刺或按摩人中、百会、涌泉、内关、合谷等穴位。如有出血应及时止血、镇痛,并迅速送医院治疗。

第七章 大学生人身安全

第一节　防身与自卫

大学生在日常生活中,有时难免会遭受不法之徒的骚扰侵害,为了维护本人或他人的人身以及其他权益不受不法侵害,进行正当防卫是法律所允许的。正当防卫是为了使国家、集体、本人或者他人的财物、人身和其他权利免受正在进行的不法侵害所采取的行为。也就是说,作为一名大学生应当懂得正当防卫是公民的权利和义务。

一、正当防卫

《中华人民共和国刑法》第二十条规定:

> 为了使国家、公共利益、本人或者他人的人身、财产和其他权利免受正在进行的不法侵害,而采取的制止不法侵害的行为,对不法侵害人造成损害的,属于正当防卫,不负刑事责任。
>
> 正当防卫明显超过必要限度造成重大损害的,应当负刑事责任,但是应当减轻或者免除处罚。
>
> 对正在进行行凶、杀人、抢劫、强奸、绑架以及其他严重危及人身安全的暴力犯罪,采取防卫行为,造成不法侵害人伤亡的,不属于防卫过当,不负刑事责任。

第二十条共分三款。

第一款是关于正当防卫概念的规定。根据本款规定,正当防卫必须同时具备以下五个要件。

(1) 必须是为了使国家、公共利益,本人或者他人的人身、财产权利和其他权利免受不法侵害而实施的。这种不法侵害可能是针对国家、集体的,也可能是针对自然人的;可能是对本人的,也可能是针对他人的;可能是侵害人身权利,也可能是侵害财产或其他权利,只要是为了保护合法权益免受不法侵害而实施的行为,即符合本要件。

(2) 必须有不法侵害行为发生。所谓"不法侵害",指对某种权利或利益的侵害为法律所明文禁止，既包括犯罪行为，也包括其他违法的侵害行为。

（3）必须是正在进行的不法侵害。正当防卫的目的是制止不法侵害，避免危害结果发生。因此，不法侵害必须是正在进行的，而不是尚未开始，或者已实施完毕，或者实施者确已自动停止。否则，就是防卫不适时，应当承担刑事责任。

（4）必须是针对不法侵害者本人实行。即正当防卫行为不能对没有实施不法侵害行为的第三者（包括不法侵害者的家属）造成损害。

（5）不能明显超过必要限度造成重大损害。正当防卫是有益于社会的合法行为，应受一定限度的制约，即正当防卫应以足以制止不法侵害为限。但另一方面，不法侵害往往是突然袭击，防卫人往往没有防备，骤然临之，情况紧急，精神高度紧张。一般在实施防卫行为的当时很难迅速判明不法侵害的确实意图的危险程度，也没有条件准确选择一种恰当的防卫方式、工具和强度来进行防卫。因此，只要不是明显超过必要限度造成重大损害的，都应当属于正当防卫。

第二款是关于防卫过当刑事责任的规定。根据本款规定，防卫过当应当负刑事责任。但因为正当防卫行为是不法侵害引起的，是为了使被不法侵害者所侵害的客体免受正在进行的不法侵害，所以"应当减轻或免除处罚"。

第三款是关于对正在进行的严重危及人身安全的暴力犯罪采取正当防卫行为不负责任的规定。本款是对第一款的重要补充。对于正在进行的行凶、杀人、抢劫、强奸、绑架以及其他严重危及人身安全的暴力犯罪，由于这些不法侵害行为性质严重，且强度大，情况紧急，因此，采取正当防卫行为造成不法侵害人伤亡和其他后果的，不属于防卫过当，不负刑事责任。所谓"其他严重危及人身安全的暴力犯罪"，是指与行凶、杀人、抢劫、强奸、绑架类似的暴力犯罪，如在人群中实施的爆炸犯罪等。

正当防卫是法律赋予公民的神圣权利，大学生应牢记这个权利，善于运用这个权利，保卫国家、公共利益，保卫本人和他人的合法权利。正当防卫是公民同违法犯罪分子作斗争的一个法律武器，大学生应当掌握好这个武器。当遇到抢劫、盗窃、强奸、行凶、杀人、放火等违法犯罪行为时，就要善于运用正当防卫行为来维护合法权利。

二、防卫术

一个人在遭受到突然袭击和侵害时，如果掌握了一定的防身自卫的技能技巧,就会临危不惧,胆大心细,敢于向袭击和侵害行为奋起反抗,达到以正压邪、维护安全之目的。所以,大学生掌握一些防卫术肯定是大有益处的。

(一) 什么是防卫术

所谓防卫术,就是依照法律规定,为维护本人或他人的人身以及其他权益免受不法侵害所采取的防身自卫进行抗击的技能技巧。

(二) 防卫术的实施策略

防卫术是为正当防卫之目的服务的技能技巧,在实施防卫术时,应当依靠行为人主客观条件,按照正当防卫的行为规范去进行。因为它是以制止不法侵害为目的,所以它又是一种在主观上有行动的策略。大致可以归纳为以下几个方面:

(1) 时刻警惕,沉着镇静,临危不惧,正当防卫;
(2) 以静待动,静观其变,审时度势,随机应变;
(3) 避实就虚,出其不意,有理有节,防卫有变。

总之,要根据自己的能力和时间、地点、条件等主客观因素及其变化而选择防卫的时机和方案。现实生活中,不法侵害的形式多种多样,侵害的性质和条件也各不相同,故防卫策略必须随机应变,方能防卫得当。

(三) 大学生易于学习的防卫实用技术

这里仅介绍一些简单的实用招式,以供有一定防卫知识的大学生学习参考。注意:这些实用技术仅用于对付不法分子。

(1) 击腹法:遇到脖子被歹徒勒住时,速用拳头或肘猛击歹徒的腹部,可使其松手。
(2) 蹬踩法:用鞋跟部猛蹬歹徒的胫骨前部或用力踩歹徒的足部。
(3) 扭指法:遇到歹徒将自己勒住或抱住时,速将其小指捏住,并用力向外侧扳,使之剧痛或折断其手指。
(4) 戳喉法:五指合拢并伸直,以指尖或掌侧猛戳歹徒的喉头。
(5) 击膝法:靠近歹徒时,提膝向其胯下或裆部,小腹部猛撞。
(6) 戳眼法:用两指叉开成 V 形,使劲插戳歹徒的眼睛。
(7) 口咬法:尤其是女性被歹徒抓住后,在不得已时,可用口咬歹徒的舌头、鼻子、口唇、耳朵或手指等。

（8）头撞法：与歹徒靠近时，可用头部撞击歹徒的胸部、腹部和头部等要害部位。

第二节 性骚扰和性侵害的防范与对策

一份《中国大学生在校和毕业生遭遇性骚扰状况调查》中显示，69.3%的受访者遭遇到过不同程度的性骚扰，其中女生比例为75%，男生为35.3%，也就是说每4个女生中就有1个遭遇过性骚扰，而且大部分的学生因为担心无法顺利完成学业或者畏惧流言而选择忍气吞声，即使上报学校或者报警，通常也会由于没有足够的证据、处理滞后等问题而不了了之。高校不再是学子的庇护之地，取而代之成了饱受诟病的性骚扰高发地。

一、什么是性骚扰和性侵害

一般认为，只要是一方通过语言或形体有关性内容的侵犯或暗示，从而给另一方造成心理上的反感、压抑和恐慌的，都可构成性骚扰。性侵害主要是指在性方面对受害人造成的伤害。性骚扰和性侵害是危害大学生身心健康的主要问题之一。由于两性的社会地位和角色不同，相对而言，性骚扰和性侵害的对象常以女性为多。因此，女大学生了解一些性侵害和性骚扰的基本情况，掌握一些基本对付方法，是很有必要的。

二、性骚扰和性侵害的主要形式

（一）暴力型性侵害

暴力型性侵害主要是指采用暴力手段，有的还携带凶器，进行威胁、劫持女生，或以暴力威胁加之言语恐吓，从而对女生实施强奸、轮奸、调戏或猥亵等。暴力型性侵害的特点如下：

其一，手段残暴——当性犯罪者进行性侵害时，必然受到被害者的本能抵抗，所以很多性犯罪者往往要施行暴力且手段野蛮和凶残，以此来达到自己的犯罪目的。

2012年11月24日晚8点多，浙江省嘉兴海宁市长安大学城某高校一女生，叫了一辆载客三轮电瓶车，从长安大学城出发去海宁高铁站，准备坐9点多的高铁前往杭州。三轮车司机高某趁夜色，加上女生不认识路，穿梭在乡间小路时，高某采用捆绑、持刀威胁等手段，将女生带到一偏僻地段，劫夺女生随身携带物品，并对其实施了强奸。因怕之后被女生认出，高某便将该女生残忍杀害。

其二，行为无耻——为达到侵害女大学生的目的，犯罪者往往会厚颜无耻、不择手段，比野兽还疯狂地任意摧残凌辱受害者。

其三，群体性——犯罪分子常采用群体性纠缠方式对女学生进行性侵害。这是因为，人多势众容易制服被害人的反抗而达到目的，还会使原来单个不敢作案的罪犯变得胆大妄为，这种形式危害极大。

其四，容易诱发其他犯罪——性犯罪的同时又常会诱发其他犯罪，如劫财劫色、杀人灭口、争风吃醋、聚众斗殴等恶性事件。

（二）胁迫型性侵害

胁迫型性侵害，是指利用自己的权势，地位、职务之便，对有求于自己的受害人加以利诱或威胁，从而强迫受害人与其发生非暴力型性行为。其特点如下：

其一，利用职务之便或乘人之危而迫使受害人就范。

其二，设置圈套，引诱受害人上钩。

其三，利用过错或隐私要挟受害人。

（三）社交型性侵害

社交型性侵害，是指在自己的生活圈子里发生的性侵害，与受害人约会的大多是熟人、同学、同乡，甚至是男朋友。社交型性侵害又被称熟人强奸、社交型强奸、酒后强奸等。受害人身心受到伤害以后，往往出于各种考虑而不敢加以揭发。

2011年暑假期间，某高校女大学生李某与男同学刘某留校复习考研。一天，两人在寝室内聊天至深夜11点。刘某看见李某一人在寝室居住，提出借住一宿，李某默许。熄灯后，刘某窜至李某床前，强行脱去李某内衣，要求与李某发生性关系。李某不从，遭到刘某拳脚相加，致李某赤身夺门而逃。

(四)诱惑型性侵害

诱惑型性侵害,是指利用受害人追求享乐、贪图钱财的心理,诱惑受害人而使其受到的性侵害。

(五)滋扰型性侵害

滋扰型性侵害的主要形式有如下几种:

一是利用靠近女生的机会,有意识地接触女生的胸部,摸、捏其躯体和大腿等处,在公共汽车、商店等公共场所有意识地挤碰女生等;

二是暴露生殖器等变态式性滋扰;

三是向女生寻衅滋事,无理纠缠,用污言秽语进行挑逗,或者做出下流举动对女生进行调戏、侮辱,甚至可能发展成为集体轮奸。

三、容易遭受性骚扰或性侵害的时间和场所

(一)夏季

夏季是女大学生容易遭受性侵害的季节。夏天天气炎热,女生夜生活时间延长,外出机会增多。夏季校园内绿树成荫,罪犯作案后容易藏身或逃脱。同时,由于夏季气温比较高,女生衣着单薄,裸露部分较多,因而对异性的刺激增多。

(二)夜晚

夜晚是女大学生容易遭受性侵害的时间。这是因为,夜间光线暗,犯罪分子作案时不容易被人发现。所以,在夜间,女大学生应尽量减少外出。

(三)公共场所和僻静处所

公共场所和僻静处所是女生容易遭受性侵害的地方。这是因为,公共场所如教室、礼堂、舞池、溜冰场、游泳池、车站、码头、影院等场所人多拥挤时,不法分子常乘机袭击女生;僻静之处如公园假山,树林深处,夹道胡同,楼顶晒台,没有路灯的街道楼边,尚未交付使用的新建筑物内,下班后的电梯内,无人居住的小屋、陋室、茅棚等,若女生单独逗留,很容易遭受到流氓袭击。所以,女生最好不要单独行走或逗留在上述地方。

四、哪些女生易遭受性骚扰或性侵害

在性犯罪中,凡女性,无论老幼都有被攻击的可能,而以 16～29 岁的女性为主要攻击目标。大学生多数年龄在 17～22 岁之间,正值青春年华。在年龄上,他们成了犯罪分子性攻击的重点对象。从高校女生受到性侵害的实际情况看,下面几种类型的女生易受到性攻击:

①长得漂亮、打扮入时者;②文静懦弱、胆小怕事者;③作风轻浮、有性过错者;④身处险境、孤立无援者;⑤体质虚弱、无力自卫者;⑥怀有隐私、易被要挟者;⑦不加选择、乱交朋友者;⑧贪图钱财、追求享受者;⑨意志薄弱、难拒诱惑者;⑩精神空虚、无视法纪者。

五、防范性骚扰或性侵害的对策

(一) 筑起思想防线,提高识别能力

女大学生特别应当消除贪图小便宜的心理。对一般异性的馈赠和邀请应婉言拒绝,以免因小失大。谨慎待人处事,对于不相识的异性,不要随便说出自己的真实情况,对自己特别热情的异性,不管是否相识都要倍加注意。一旦发现某异性对自己不怀好意,甚至动手动脚或有不轨行为,一定要严厉拒绝、大胆反抗,并及时向学校有关领导和保卫部门报告,以便及时加以制止。

(二) 行为端正,态度明朗

如果自己行为端正,坏人便无机可乘;如果自己态度明朗,对方则会打消念头,不再有任何企图;若自己态度暧昧、模棱两可,对方就会增加幻想,继续纠缠。在拒绝对方的要求时,要讲明道理、耐心说服,一般不宜嘲笑挖苦。中止恋爱关系后,若对方仍然是同学、同事,不能结怨成仇人,在回避不必要往来的同时仍可保持一般正常往来关系。参加社交活动与男性单独交往时,要理智地有节制地把握好自己,尤其应注意不能过量饮酒。

(三) 学会用法律保护自己

对于那些失去理智、纠缠不清的无赖或违法犯罪分子,女大学生千万不要惧怕他们的要挟和讹诈,也不要怕他们打击报复。要大胆揭发其阴谋或不正当行为,及时向领导和老师报告,学会依靠组织和运用法律武器保护自己。千

万注意不能"私了","私了"的结果常会使犯罪分子得寸进尺、没完没了。

(四)学点防身术,提高自我防范的有效性

一般,女性的体力均弱于男性,防身时要把握时机、出奇制胜,狠准快地出击其要害部位,即使不能制服对方,也可制造逃离险境的机会。人的身体各部位都可以用来进行自卫反击,头的前部和后部可用来顶撞,拳头、手指可进行攻击,肘朝背部猛击是最强有力的反抗,用膝盖对脸和腹股沟猛击相当有效果,用脚前掌飞快踢对方胫骨、膝盖和阴部常非常有效……同时,要注意设法在案犯身上留下印记或痕迹,以备追查、辨认案犯时做证据。

第三节 意外伤害的急救处理

遇到意外伤害时,常用的应急救护有如下几种。

一、人工呼吸

(一)人工呼吸的适用情况

(1)呼吸系统本身的疾病,如气管异物、气道烧伤、烟雾吸入、肺部感染、肺结核、肺部肿瘤等。

(2)各种意外伤害,如触电、溺水、自缢、严重创伤、窒息、一氧化碳中毒等。

(3)休克,如创伤性休克、大失血休克、过敏性休克。

(4)各种原因所致的心跳骤停。

(二)常用的人工呼吸方法

1. 口对口人工呼吸法

口对口人工呼吸法(见图 7-1)是现场抢救中最简单、最合适的方法,因为正常人呼出的气体中的含氧量能够纠正昏迷病人的缺氧状态。

口对口人工呼吸法的实施方法如下。将病人口唇分开,在口上盖一块纱布,用拇指和食指捏住病人的鼻孔,以免漏气。抢救者深吸一口气后对病人的口部吹入,直到看见病人的胸部膨起为止。一次吹气后应立即与病人口部脱离,同时放开捏鼻孔的手,以便病人从鼻孔中呼气。注意看病人的胸部复原,

图 7-1 口对口人工呼吸法

倾听呼气声,稍休息后再次吹气,每分钟 16～20 次,并随时注意病人的呼吸道是否通畅。在进行人工呼吸的同时,应进行心脏按压。一般每做一次人工呼吸,按压心脏 3～4 次。吹入的气体可能有一部分进入病人的胃内,造成胃膨胀,可轻轻压迫病人上腹部将气体排出。

2. 口对鼻人工呼吸法

当病人牙关紧闭、张不开口,一时又无法使其张开,或病人因脱齿、缺齿,口唇密闭不严密,或口唇和口腔内有损伤时,可用口对鼻人工呼吸法。其操作方法与口对口人工呼吸法相同,差别在于口对鼻人工呼吸法不是对病人的口腔吹气,而是用手按住口唇,对准病人的鼻孔吹气。

人工呼吸还有挤压肋骨和伸展前臂等方法,但由于它们通气量较少,效果不好,所以最好采用上述两种方法,以免延误抢救时间。

在实施人工呼吸的过程中,如果被抢救者出现睫毛反射(轻触睫毛即引起眨眼),有挣扎表现,有吞咽动作,开始喘息性呼吸,或口唇、甲床由苍白变为红色,说明抢救已产生效果。一般情况下,呼吸停止与心跳停止相伴发生,因此人工呼吸应与心脏按压同时进行。另外还要注意的是,在进行人工呼吸时,病人一定要采用仰卧位,头颈部要充分后仰,不要垫枕头,从而保持呼吸道通畅。

二、胸外心脏按压

胸外心脏按压(见图 7-2)主要用于由各种原因造成的心跳骤停。造成心搏骤停的原因很多,有溺水、胸部外伤、中毒、严重的休克、电击和雷击等。发生心搏骤停时,病人的脉搏消失,测不到血压,摸不到心跳,也摸不到大动脉,如颈动脉和腹股沟外股动脉搏动。同时病人的神志丧失、呼吸停顿、面色苍白、瞳孔散大。

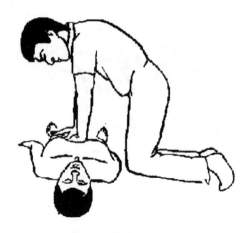

图7-2 胸外心脏按压

发现心搏骤停者,应在心跳停止后2分钟内立即猛力叩击病人的胸前区,如仍无心跳,应立即用胸外心脏按压法,具体方法如下:

让病人仰卧,使背部尽量靠在地板或硬板床上,以保证心脏按压的效果。救护者跪在病人一侧,用一手掌根部按在被抢救者左前胸,另一手压在该手的手背上,两手指交叉上翘,双臂应垂直于按压部位,身体前倾,利用上半身和肩部肌肉的力量按压。然后突然放松按压,手掌跟随胸骨弹回原来的位置。如此有节奏地按压,一般为每分钟60~80次。挤压时注意用力要适度,防止用力冲击。用力过猛会造成肋骨骨折、气胸等。

抢救有效的指标有:病人瞳孔由大变小,大动脉开始搏动,面色由苍白开始转为红润,恢复自动呼吸,开始出现四肢自主活动。

三、止血

常用的止血的方法主要有如下四种。

(一)加压包扎法

加压包扎法适用于较小的出血伤口,可用消毒敷料盖住伤口,再用绷带加压包扎,即可止血。

(二)手指压迫法

手指压迫法(见图7-3)就是用手指压迫出血血管靠近心脏的一端,阻断血流,达到止血的目的。但应注意的是压迫的时间不宜过长,否则会导致组织供血不足。

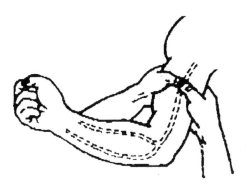

图 7-3 手指压迫法

（三）屈肢法

屈肢法（见图 7-4）即利用关节极度弯曲,压迫血管达到止血的目的。这种方法适用于肘、膝关节以下的肢体出血。例如前臂或小腿出血时,可在肘窝或腿窝处放一棉垫,使关节极度屈曲,然后将前臂与上臂或者小腿与大腿用绷带捆扎,达到暂时止血的目的。

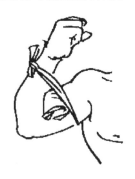 

图 7-4 屈肢法

（四）止血带法

止血带法（见图 7-5）适用于四肢较大血管的破裂出血。止血带要选用柔软有弹力的橡皮管、橡皮带、绷带或较宽的布带等,禁用电线、铝线、细绳等物,以免造成组织损伤。大腿中部和上臂三分之一处是捆扎止血带的常用部位,一般不在前臂和小腿处捆扎止血带。

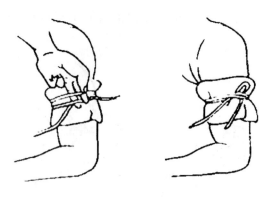

图 7-5 止血带法

止血带法的具体操作是,首先将伤肢抬高,使静脉血回流,在捆扎止血带的部位用棉布等柔软之物垫好,然后将止血带绕肢体两周打结。止血带捆扎的松紧要适度,以使出血停止为准。应注意的是,扎止血带的部位距出血处不要太远,止血带必须每隔30～60分钟放松1～2分钟,以免造成肢体坏死或缺血性肌挛缩等不良后果,严重的内出血患者要及时送医院治疗。

四、骨折后的急救处理

(1) 对骨折病人不要勉强解脱衣服,若受伤肢体肿胀严重或活动受限应剪开衣服,尽量避免不必要的搬动。

(2) 骨折后发生的肢体弯曲、扭转等畸形不可勉强复原。开放性骨折露出体外的骨端或骨片不要送回伤口以免引起感染。

(3) 伤口切忌用不干净的物品充填,也不要随便用粉类及油膏类药物,以免造成清理伤口困难。

(4) 检查伤口,包扎止血。对怀疑有严重并发症的病员要慎用止痛药,尤其是哌替啶之类的药物。

(5) 就地取材(如薄木板、硬纸板、木棍等)制作夹板,固定患部。

(6) 伤员经过必要的现场处理后,应尽快转送医院。下肢骨折的病人应用担架搬运或双人平托法搬运。颈椎骨折和高位胸椎骨折的病人应有专人牵引头部,病人仰卧在硬板担架上,头部两侧以沙袋或其他软布卷、棉花等物固定,以免扭转或晃动损伤脊神经。

(7) 对脊椎骨发生骨折的病人,固定和搬运时应保持脊柱平直,小心、轻巧地把病人移到硬板担架上,用三角巾或绷带固定,切不可不固定搬动,或让病人在扶持下走动,也不能让病人躺在软担架上。

五、中暑的急救处理

到了盛夏季节,在烈日下和高温环境里学习、运动和劳动时,由于高温不断作用于人体,使体内散热困难,很容易引起头痛、头晕、体温升高、恶心和呕吐等中暑症状,严重的甚至可发生虚脱晕倒。

发现有人中暑时,首先将病人搬到阴凉通风的地方,让病人躺下,但头部不要垫高。然后解开病人衣领,同时用浸湿的冷毛巾敷在头部。轻者一般经过上述处理会逐渐好转,再服一些人丹或十滴水。对于中暑较严重者,除使用上述降温方法外,还可用冰块或冰棒敷其头部、腋下和大腿腹股沟处,同时用井水或凉水反复擦身、扇风进行降温,然后立即送医院救治。

六、触电的急救处理

(1) 立即切断电源,或用不导电物体,如干燥的木棍和干布等物,使伤员尽快脱离电源。急救者切不要直接接触触电者,以防止自身触电。

(2) 当伤员脱离电源后,应立即检查伤员全身情况,特别是呼吸和心跳,发现呼吸、心跳停止时,应立即做人工呼吸或胸外心脏按压,并一定要坚持到底。

(3) 处理电击时,应注意有无其他损伤,如触电后弹离电源或自高空跌下,常并发颅脑外伤、血气胸、内脏破裂、四肢和骨盆骨折等。如有外伤、灼伤,均需同时处理。

(4) 在现场抢救过程中,不要随意移动伤员。若确需移动时,抢救中断时间不应超过 30 秒。在移动伤员或将其送医院过程中,应继续抢救,心跳呼吸停止者要继续人工呼吸和胸外心脏按压,在医院医务人员未接替之前抢救不能中止。

七、煤气中毒的急救处理

一旦发现煤气中毒者,要立即将其搬离现场,避免再吸入一氧化碳。可将中毒者移至空气新鲜的房间或室外,保证新鲜空气吸入。用手清除病人口腔内的分泌物,松开衣带,保持呼吸道通畅。让病人卧床休息,同时注意保暖,防止受凉、受冻。吸入新鲜空气 1 小时后,中毒症状就会改善,症状轻者继续休息几个小时就可以逐渐恢复。如果中毒严重,出现呼吸、心跳停止,应立即进行人工呼吸和胸外心脏按压,并尽快护送病人到医院进一步抢救治疗。

2011年2月25日凌晨1点左右,成都高新西区某高校学生公寓19幢某寝室的11名女生因为先后洗澡,热水器长时间使用,煤气从外倒流,导致她们一氧化碳中毒。幸好一名女生觉得头晕乏力,给父母拨打了电话,其父母告知辅导员老师,经老师赶到现场,采取有力措施急救后,并送往医院,才让这11名女生脱离危险。

八、溺水的急救处理

溺水者被营救上岸后,必须立即清除其口鼻内的淤泥、杂草及呕吐物,以确保呼吸道通畅。对口腔紧闭者可捏其两侧面颊并用力启开牙关,然后采用以下方法:

一是抢救者半跪,将溺水者的腹部放在屈膝大腿上,使头部下垂,按压背部,如图7-6(a)所示。

二是抱起溺水者的腰腹部,使背部向上,头部下垂,如图7-6(b)所示。

三是抱起溺水者的两腿,腹部放在抢救者的肩上,快走奔跑。

图7-6 溺水的急救处理

应注意的是,无论采用哪种方法,都要以最快的速度完成,切不可因倒水影响其他抢救措施而延误时间。

溺水者的呼吸和心跳如果均已停止,应立即进行人工呼吸和心脏按压。人工呼吸与心脏按压应同时进行。在抢救过程中,如果溺水者有吐水现象,要马上把他的头侧向一边,使水顺着嘴角流出以防进入气管。心跳呼吸短时不恢复者不能轻易放弃,至少要坚持抢救 3~4 小时。在不停止现场抢救的同时,尽快叫救护车送医院做进一步的抢救治疗。

> 2014 年 6 月 1 日,河北省邯郸市发生了一起大学生溺水事件,5 人落水,其中 2 人安全无事,剩下 3 人抢救无效死亡。

九、晕厥的急救处理

晕厥是因一时大脑供血不足,失去知觉的一种急症,最常见的是因为疼痛、精神紧张、恐惧、站立时间过久、平卧、下蹲时突然站起来等,使回流到心脏的血液减少,脑组织血液量不足所致。

发生晕厥者常有眼前发黑或冒金星、头晕、心慌、无力、摔倒在地、失去知觉等症状。一般的晕厥时间短暂,最多不超过 1 分钟即能清醒。

晕厥急救办法:一是立即让病人平卧,头略放低,脚稍抬高,以改善头部的血液供应;二是针刺病人人中穴位;三是解开病人紧裹的衣领;四是给病人补充点糖水或热茶水。

十、狂犬、毒蛇咬伤的急救处理

(一)狗咬伤的急救方法

一旦被狗咬伤,争取在 2 小时内处理伤口。先在咬伤处上方扎一条止血带,减少狂犬病毒随血液流入全身,然后用 20% 的软肥皂水和干净的刷子及纱布块彻底洗刷伤口,并用清水冲洗干净,最后用 0.1% 新洁尔灭溶液擦洗,再用碘酒涂抹伤口 2~3 次。对伤口不要包扎和缝合。如一时送医院有困难,要将病人单独隔离起来,保持室内安静,关窗并挂上窗帘,防止强光和大风的刺激。经初步急救处理后,争取尽快送医院治疗。医学专家提醒,由于狗咬伤不同于其他类型的创伤,除到医院做特殊处理外,还应尽快到防疫站注射狂犬疫苗。

(二)毒蛇咬伤的急救方法

我国有蛇类 150 多种,其中毒蛇占 50 多种,能致人死亡的蛇有 10 多种。毒蛇咬伤后留下的 2 个毒牙痕,是可靠的诊断依据,无毒蛇咬伤后留下的是两排牙痕。蛇毒分为神经毒素和血液毒素。神经毒素可引起呼吸麻痹,被这类毒蛇咬伤后伤口红肿、疼痛不显著、流血不多,但很快使人陷入昏睡、昏迷,甚至呼吸麻痹、循环系统衰竭而死亡。

被蛇咬伤后要立即用止血带、皮带或布带在伤口近心端结扎,以免毒液流窜。同时,就地取清水、凉开水、茶水或肥皂水等冲洗伤口,用生理盐水或高锰酸钾液冲洗更好。此时,若发现有毒牙残留必须拔出,有条件者,可用吸奶器、拔火罐吸出毒液。最好把伤肢放在冷水中,同时不断地用吸奶器吸毒。在以上抢救过程中,要尽量寻找蛇药口服,并急送附近医院。

十一、常见小外伤的急救处理

(一)擦伤

擦伤是指尖硬的物体与身体表面发生摩擦所造成的表皮损伤,比如树枝擦伤。如果伤得很轻,抹点红药水就行了。如伤口有渗血,或伤口较脏,应及时用干净水冲洗干净,再涂上红药水或紫药水,伤口大的,可用消毒纱布包扎。

(二)挫伤

挫伤指身体受钝器打击或撞击,皮肤未破但皮下组织受伤,出现红肿青紫,按之疼痛,比如石块、砖头砸伤。伤轻者不需特殊处理,可轻轻按摩消肿。如伤势较重,疼痛剧烈,应速送医院检查治疗。

(三)切割伤

切割伤指刀刃、玻璃等锐器划破皮肤所造成的外伤。小而浅的伤口,要先用消毒的纱布或干净的毛巾、布块盖在伤口上面按压、抬高止血。止血后用碘酒或酒精(没有碘酒或酒精的可以用1%盐水)擦拭伤口及周围皮肤进行消毒。如伤口较脏,可用凉开水冲洗,然后再用干净的布包扎。

(四)扭伤

关节部位过猛扭转而造成的损伤即为扭伤,常见于踝关节、手腕、胳膊及腰部,可出现明显的疼痛、轻度的肿痛。这时,首先要减少受伤关节的活动,轻轻按摩。在疼痛部位进行冷敷,以减轻出血、肿痛和疼痛,一两天后再用热水袋或热毛巾热敷。

（五）头皮外伤

头皮外伤是指在外力作用下，头皮形成裂伤，造成出血。由于头皮上的血管丰富，有时一个小小的伤口也会出血不止。这时不要用手捂头，在血迹最多的地方分开头发，仔细查看，就能发现伤口，然后用手指压住伤口一侧或周围的皮肤，就可将血止住。如果伤口较大，可用干净的手帕或布叠成小块压在伤口上方，止血后再去医院治疗。

应注意的是，不论任何外伤，都不能用土、烟灰、脏布等堵塞伤口，以免引起感染或破伤风，危及生命。

（六）烧伤和烫伤

烧伤和烫伤一般分为三度：一度时，只损坏表皮，创面发红，不起泡，较疼痛；二度时，局部起泡，肿痛，这表明已伤及真皮；如果表皮以及下面的脂肪、骨肉都受到损害，即为三度烧伤。一度烧伤时，可立即将受伤部位浸泡在生理盐水、食盐水（1 000 毫升水加 9 克食盐）、冷水或煤油中，且至少浸泡 20 分钟。这样不仅可以止痛，还能防止肿胀、起泡。然后在患部涂一些食用油、凡士林均可，不一定包扎。对于二度烧伤，不弄破水泡，可将水泡四周的皮肤用酒精消毒，然后用干净布包扎。如烧伤面积较大且达到三度，要及时去医院就诊。

第八章
大学生财产安全

大学生财产安全，主要是指大学生在校期间所带的现金、存折、银行卡、学习及生活用品等不受侵犯。由于大学生涉世不深，不善于保管自己的钱物，又是集体生活的特殊群体，大学生的财产就成了不法分子侵害的重点对象。目前，在校园发生的各类案件中，侵害大学生财产的案占到首位。大学生的财产一旦受到侵害，不但给家庭带来一定负担，而且给大学生的学习、生活、心理造成一定影响。为了保障自己的学习和生活，就有必要学会、掌握保障自己财产安全的常识。

第一节 盗窃的防范与对策

盗窃，是指一种以非法占有为目的，秘密窃取国家、集体或他人财物的行为。它是一种最常见的，并为人民群众、师生员工最为深恶痛绝的违法犯罪行为。盗窃案在高校发生的各类案件中是最多的，大约占90%以上。以作案主体进行分类，盗窃案可分为外盗、内盗和内外勾结盗窃三种类型。

少数大学生对自己要求不严，人生观和价值观发生扭曲，法律意识淡薄，不顾家庭和自己的经济承受能力，追求时髦，盲目攀比，从而导致没有钱花就去偷，逐步走上了犯罪道路，这是导致高校盗窃案件不断上升的原因之一。

一、高校盗窃案件的特点

一般盗窃案件都有以下共同点：①实施盗窃前有预谋准备的窥测过程，盗窃现场通常遗留痕迹、指纹、脚印、物证等；②盗窃手段和方法常带有习惯性；③有被盗窃的赃款、赃物可查。客观场所和作案主体的特殊性，决定了高校盗窃案件有以下一系列特点：

（一）作案时间的选择

作案主体在有人的情况下是不行窃的，作案必然选择在作案地点无人的空隙实施盗窃。例如：上课期间，学生们都去教室上课了，作案人便会光顾宿舍；下班的时间或节假日期间，宿舍、办公室、图书馆、计算机室通常均处于无人状态，作案人便会乘隙而入。

（二）作案目标的选择

高校中内盗案件比较多,财会室、计算机室在什么位置,作案人都掌握得一清二楚;哪个学生有钱或贵重物品,常放在什么地方,有没有锁在箱子中或柜子里,钥匙放在何处,作案分子都基本了解。不动手便罢,一旦动手目标十分准确,常很快便十拿九稳地得手。

（三）作案手段的选择

高校中盗窃案件的作案主体,一般以高学历、高智商的人为多,有的本身就是大学生。他们智力超群、比较聪明,盗窃技能高于一般盗窃作案人员。他们经常会用你的钥匙开你的锁,或用易拉罐制作"万能"钥匙等,进行智能型违法犯罪活动。

（四）作案有连续性

如上所述,正是由于作案人比较"聪明",所以其第一次作案很容易得手。"首战告捷"以后,作案人往往产生侥幸心理,加之报案的滞后性或破案的延迟性,作案人极易屡屡作案而形成一定的连续性。

2010年9月19日凌晨3时许,成都西区某高校保卫部在某学院图书馆抓获一名正在盗窃电脑主机的嫌疑人。经查,该嫌疑人是本院计算机系2007级学生陈某,于2008年转入他校,但该生一直没有去学校读书,天天沉迷上网打游戏,并欺骗家人自己在校学习。陈某因在该学院就读过,对学院内教学楼、图书馆、学生公寓等环境和学生作息情况较熟悉,于是就开始行窃电脑配件卖钱来上网和生活。从2010年1月20日开始到被抓时,多次对学院多媒体管理室、图书馆、学生公寓等处电脑主机的配置实施盗窃,前后共盗窃50多次。后被公安机关刑事处罚。

二、高校盗窃案件的行窃方式

（一）顺手牵羊

顺手牵羊是指作案分子趁人不备,将放在桌上、床边、阳台等处的笔记本电脑、手机、钱物等占为己有。

  2011年6月27日早上7时许,有两名20多岁学生模样的一男一女分别进入成都市高新西区某高校的3幢男生公寓和7幢女生公寓进行盗窃。该男子进入3幢公寓后,发现603寝室门未关严实,随手将该寝室摆放在桌上的2台笔记本电脑和1部手机盗走,然后转交给女同伴,欲继续盗窃。女同伴拿到男同伴盗来的笔记本电脑和手机后,仍溜入7幢女生公寓行窃时,被学生发现,报告管理员和保卫部后将其抓获,收缴盗窃者身上的2台笔记本电脑和1部手机。嫌疑人已移交公安机关处理。

(二)乘虚而入

乘虚而入是指作案分子趁人不在、房门抽屉未锁之机入室行窃。这类盗窃手段要比"顺手牵羊"者更毒辣,其胃口也比"顺手牵羊"者更大,不管是电脑、相机、手机、现金、存折、信用卡还是其他贵重物品,只要一让他看到,就会统统被盗走。

(三)翻窗入室

翻窗入室是指作案人翻越没有牢固防范设施的窗户等入室行窃。入室窃得到所要钱、物后,常又堂而皇之地从大门离去,因此窃贼有时不易被发现。

(四)溜门撬锁

溜门撬锁是指作案分子使用各种工具撬开门锁而入室行窃。进门后,抽屉、箱子往往都被撬,只要有值钱的东西、易于携带的东西都盗走。当然,也有的作案分子只针对现金行窃。

  2012年5月18日早上,成都某高校学生公寓30幢某寝室发生了撬锁被盗电脑的案例。经学校保卫部和辖区派出所共同调查破案。姚某的价值12 000元的苹果笔记本电脑放在衣柜内被盗,被本寝室同学刘某用砖打烂衣柜锁进行盗窃。刘某已被公安机关刑事处罚。

（五）用 A 的钥匙开 A 的锁

用 A 的钥匙开 A 的锁是指作案分子用 A 随手乱丢的钥匙，趁 A 不在宿舍时打开 A 的锁，包括门锁、抽屉锁、箱子上的锁，从而盗走现金和贵重物品等。这类作案人大多都是与 A 比较熟悉的人。

（六）窗外钓鱼

窗外钓鱼是指作案人用竹竿等工具在窗外将被害人的衣服钩走。有的甚至把纱窗弄坏，钩走被害人放在桌上、床上的衣物。因此，住在一楼或其他楼层靠近走廊窗户的同学，如果缺乏警惕性则很容易受害。

三、学生宿舍容易被盗的时段

（1）刚入学，宿舍混乱时，易被盗。

（2）放假前，易发生盗窃事件。

（3）假期，宿舍人员走空，易发生溜门撬锁盗窃。

（4）学生都去上课时（一般是 9 点至 11 点、14 点至 16 点）易被盗。特别是上体育课时，大家习惯将钱包和手表放在宿舍里，容易发生盗窃事件。

（5）上早、晚自习。特别是早自习时，人员忙碌，不关锁房门时易被盗；晚自习时，相连的几个寝室人员都走空，熄了灯，也易被盗。

（6）夏秋季节，开窗睡觉易被"钓鱼"盗窃。同时，夏季开门多，易发生乘虚而入的盗窃。

（7）学校举办大型文体活动，外来人员剧增时，发生盗窃的可能性也会增加。学校开大会、考试、周末放假等致使宿舍同学走空，容易发生盗窃案件。

（8）新生军训期间，以及宿舍长期无人居住，易被盗。

四、防盗的基本方法

防盗的基本方法有人防、物防和技防三种。其中，人防是预防和制止盗窃犯罪唯一可靠的方法，物防是一种应用最为广泛的基础防护措施，而技术防范，则是可即时发现入侵，能够替代人员守护且不会疲劳和懈怠，可长时间处于戒备状态和隐蔽可靠的一种防范措施。对于大学生来说，最重要的是做好教室和学生宿舍的防盗工作，保护好自己和同学的财物。这不仅是个人的事，

而且也是全宿舍、全班乃至全校学生共同关心的大事。学生宿舍和教室的防盗工作,要注意做到以下几点:

(1) 每天最后离开教室或宿舍的同学,要关好门窗,并插上窗户插销,千万不要怕麻烦。同学们一定要养成随手关灯、随手关窗、随手锁(反锁)门的习惯,以防盗窃犯罪人乘虚而入。

(2) 注意不要留宿不知底细的人。年轻人文明礼貌、热情好客很正常,但决不能只讲义气、讲感情而不讲原则、不讲纪律。如果违反学校学生宿舍的管理规定,随便留宿不知底细的人,就等于引狼入室而将会后悔莫及,这种教训是惨痛的。

(3) 对形迹可疑的陌生人应提高警惕。作案人到教室和宿舍行窃时,往往要找各种借口,如找什么人或推销什么商品等,这是在"踩点",在摸清情况、看准机会后就会溜门撬锁,大肆盗窃。遇到这种可疑人员,要主动上前询问。如果来人确有正当理由,则一般都能说清楚;如果来人说不出正当理由又说不清学校的基本情况,疑点较多,其神色必然慌张,则需要进一步盘问,必要时还可请他出示身份证、学生证、工作证等身份证明。经核实身份无误又未发现带有盗窃证据的,可交值班人员记录其姓名、证件号码、进出时间后请其离去。如果发现来人携有可能是作案工具或赃物等证据时,可一方面派人与其交谈以拖延时间,另一方面打电话给学校保卫部门尽快来人做调查处理。

> 2013年4月中旬,成都某高校图形艺术系2011级学生刘某在外认识了一名社会无业人员(毛某)。刘某得知毛某无业,又无住处,便将其带到自己住的寝室居住。4月27日,毛某趁寝室无人,将同寝室汤某的苹果笔记本电脑盗走。

(4) 学生应积极参加教室和宿舍等地的安全值班,协助学校保卫部门做好安全防范工作。通过参加值班、巡逻等安全防范工作,不仅可保护自己和他人的财物安全,而且还可增强安全防盗意识,锻炼和增长自己社会实践的才干。

(5) 一定要保管好自己的钥匙,包括教室、宿舍、箱包、抽屉等处的各种钥匙,不能随便借给他人或乱丢乱放,以防"不速之客"复制或伺机行窃。

五、几种易盗物品的防盗措施

（一）现金

现金是一切盗窃分子图谋的首选对象。最好的保管现金的办法是将其存入银行，尤其是数额较大时，更应及时存入银行并加密码。密码应选择容易记忆且又不易解密的数字，千万不要选用自己的出生日期做密码。这是因为，一旦存折丢失很容易被熟悉的人冒领。特别要注意的是，存折、信用卡等不要与自己的身份证、学生证等证件放在一起，以防被盗后冒领。在银行存取款时，核对密码要轻声、快捷，切忌旁若无人、大声喊叫。发现存折丢失后，应立即到所存银行挂失。

2009年4月13日19时许，成都高新西区某高校经济管理系学生黄某趁寝室无人时，将室友张某放在抽屉里的招商银行卡盗走，并于4月30日上午10时从银行ATM机中取走现金1500元。后经西区派出所侦破，黄某对以上事实供认不讳。

（二）各类有价证卡

目前，大部分学校已广泛使用各种银行发行的信用卡进行账目结算，学生无须携带大额现金来校缴费，食堂也普遍使用各类磁卡买饭。这些有价证卡应当妥善保管，防止丢失或被人盗用。各类有价证卡最好的保管方法，就是放在自己贴身的衣袋内，袋口应配有纽扣或拉链。所用密码一定要注意保密，不要轻易告诉任何人，以防身边有"不速之客"。如果参加体育锻炼等活动必须脱衣服时，应将各类有价证卡锁在自己的箱子里，并保管好自己的钥匙。

（三）自行车

自行车被盗是社会的一大公害。校园内也不例外。要安装防盗车锁，养成随停随锁的习惯，在校园内或其他公共场所最好将车停在存车处。如停放时间较长，最好加固防盗设施，如将车锁固定在物体上或者放在室内。自行车一旦丢失，应立即到学校保卫部门报案。

（四）贵重物品

如黄金饰品、笔记本电脑、相机、手表、高档衣物等贵重物品,较长时间不用的应该带回家或托给可靠的人代为保管。暂不使用时,最好锁在抽屉或箱(柜)子里,以防被顺手牵羊、乘虚而入者盗走。寝室的门锁最好是能防撬的,易于翻越的窗户要加防盗网,门锁钥匙不要随便乱放或丢失。价值较高的贵重物品、衣服等上面,最好有意地做上一些特殊记号,即使被偷走将来找回的可能性也会大一些。

六、发生盗窃案件的应对办法

发现自己寝室被盗,不少学生首先想到的是赶紧翻看自己的柜子、箱子、抽屉,看自己的东西少了些什么,另一些学生则出于关心、好奇等原因前来围观、安慰。结果,待保卫部门接到报案来到现场时,现场的原始状态已发生了很大变动,一些与犯罪活动存在内在联系的痕迹、物品已遭到破坏,一些与犯罪无关系的痕迹、特征又出现在现场,使得公安人员难以对犯罪活动做出准确判断,影响了破案工作。那么发现寝室被盗要怎么处理呢?

（1）发现寝室门被撬,抽屉、箱子的锁被撬或被翻动,则很可能盗窃分子已来光临,应立即报告学校保卫部门,并告知系部有关辅导员。

（2）保护好现场,不准任何人进入。不得翻动现场的物品,切不可急急忙忙地去查看自己的物品是否丢失。这对公安人员准确分析、正确判断侦查范围和收集罪证有十分重要的意义。

（3）如果发现存折被窃,应当尽快到银行挂失。

（4）配合调查,实事求是地客观回答公安部门和保卫人员提出的问题,反映情况要尽量提供各种疑点、线索,不要觉得此事无关紧要而忽略,也不要觉得涉及某个同学怕伤感情。公安保卫部门有义务为反映情况的同学保密。

某学生寝室被盗后,回忆到自己当天第二节课没有去,到商店买东西时,看到一个很像同寝室另一同学的"老乡"。该人前不久来寝室玩过,接触中感到这个人行为和谈吐都不正派。但这位学生一来只是看了一眼怕看错人,二来没有任何真凭实据,凭空怀疑怕同学知道了伤感情,三来怕连带自己不上课而受批评,因此,好几天都没说。后来在保卫部门反复启发下打消了顾虑,提供了这一线索。经保卫部门调查侦破,很快掌握了这个"老乡"的作案证据,追回大部分赃物,为该宿舍同学挽回了损失。

七、怎样发现被盗线索

一般来说,外来人员进入宿舍作案,如不能当场抓获,同学们是难于发现线索的。但若是内部人员作案,同学们只要留心观察,想些办法,是可以发现蛛丝马迹的。

某女生寝室里现金、衣物经常不翼而飞,住在该寝室的女生干部怀疑本宿舍有人手脚不干净,但苦于无证据,她和寝室另一女生商量,两人不动声色,只是把现金都做上了记号。过了不久又丢了钱,她们同时发现另一同学拿出的钱上有这一记号,两人当即与其对质,并马上向辅导员反映。经系组织教育,这位好占便宜的同学承认了错误,并交出了自己偷同学的现金和一些衣物,此后寝室里再没发生这类情况了。

有些宿舍经常发生丢失衣物的情况,晾出去的衣服一会儿就不见了,抽屉打开一会儿钱就少了。报案吧,损失不大,公安部门也不好立案;不报吧,三天两头丢东西,对一些家庭条件较困难的学生也确实是不小的损失,长此以往还会影响生活、学习。在这种情况下,学生干部除应向组织反映外,还应及时进行教育、组织工作,善动脑筋的学生也可自己想办法。关键是要掌握证据,在此基础上做工作,进行教育就有主动权,有理有利;否则,胡乱猜疑指责,只能制造矛盾,影响团结。还有人在无证据的情况下凭空怀疑,自行乱搜,动机虽不见得不好,却是一种违法行为。

第二节 诈骗的防范与对策

诈骗,是指以非法占有为目的、用虚构事实或隐瞒真相的方法骗取公私财物的行为。由于它一般不使用暴力,而是在平静甚至"愉快"的气氛下进行的,受害者往往会上当。提防和惩治诈骗分子,除需要依靠社会的力量和法治以外,更主要的还是大学生加强自身防范,树立防范意识,认清诈骗分子的惯用伎俩,以防上当。

一、大学校园最常见的诈骗方式

(一)上门推销、代销诈骗

上门推销是大学生经常遇到的骗局,主要诈骗对象是大一新生。骗子大多采用以厂家寻找销售代理或低于市场价的假冒商品诈骗同学钱财,推销行骗的物品多与学生的学习生活息息相关,比如廉价文具、手机、笔记本电脑、洗发水、运动鞋、小饰品等,而且所推销的产品多为假冒伪劣产品。每年都有不少同学因此上当受骗。

2014年9月初,有两位20多岁学生模样的女骗子混入成都某高校的女生公寓,向刚跨入大学校园的新同学谎称自己是该校的高年级学姐,在做英语周报校园代理,边介绍边向学生吹嘘大学生订购此英语周报的好处。百余名新生听了骗子吹嘘后,大部分都拿出200元钱订购了1份全年的英语周报。钱交了以后,一周过去了,一个月过去了,还是没有收到自己订购的英语周报,当再次拨打骗子的电话时,电话一直没有人接或处于关机状态。开始还抱有希望的新生过了7周还没有收到报纸,而且无法与推销报纸的人联系时,才发现自己真的是上当受骗了。

(二)求(兼)职防骗

骗子掌握了在校大学生缺少社会经验和工作经历,部分学生想利用周末、假期时间找份兼职工作的心理,采取在网上、报纸上或在校园内张贴小广告的方式进行招聘兼职在校生。近年来以招聘兼职为诱饵骗取大学生钱财的名目有如下四种:一是中介公司招收在校学生为会员,承诺长期为会员提供兼职机会,骗取学生的会员费;二是推销各类产品、充值卡等,骗取学生交一定数额的产品押金,实质是让学生购买其产品;三是加工工艺品,让学生交钱作为购买一定数量的工艺品材料保证金,称加工好后回收产品,但交钱后所加工的产品,骗子是根本不会回收的;四是招聘兼职打字员之类的,同样是以交保证金为由骗取学生钱财。

2013年3月21日,某校大四女生刘某在微博上看到一则刷淘宝信誉的兼职信息。刘某与QQ昵称为"唰客服——林凤莲"的网友联系后,对方让她在指定网站购买游戏点卡,完成任务后返佣金和本金。刘某将信将疑地做了一次后,对方很快就把佣金和本金返到刘某的支付宝里。于是刘某又拍了80单,通过信用卡网银支付,共计人民币7 760元。然而,这次对方要求刘某拍满100单才能返钱。因刘某要求对方先返佣金和本金,对方没有同意并将刘某"拉黑",刘某这才意识到被骗了。

(三) 几种常见的求职诈骗

(1) 名曰培训,实为骗钱。一些招聘单位条件诱人,不收任何抵押金、带薪培训等,但一旦上岗后却要求求职者购买本公司产品,提出"象征性"地收取费用。

(2) 先洗脑,再骗钱。某公司招聘,考试后一名男子站在十几名求职者面前开始演讲。一番煽动性的演讲加培训后,各位求职者基本已被洗脑,心甘情愿地交出集资款。

(3) 跨省招工行骗,再行"打劫"。一些大学生通过网络或其他形式在外地发现适合自己的工作,与对方联络后,前往企业所在地面试。结果前来接站的人常常会以借用电话或其他事由骗取求职者财物,更有甚者将求职者带到偏僻的地方直接抢劫。

(4) 先交押金,后被开除。在第一个月工作结束后,企业只付给求职者工资的一半,并称另一半为抵押金,说离职的时候退还。此后就以没完成工作量或其他借口为由将求职者开除,并扣下抵押金。

(5) 给一份钱,干多份活。一些私人企业在招聘时打出一份职务,上岗工作时一个人却要干几份活,而工资只开一份。

(6) 签合同,捆住腿。用人单位在所签订的劳动合同中规定了不少日后可能发生争议的情况的处理办法,但这些处理办法对于求职者的权利没有保护,却在惩罚员工方面规定严格。

(7) 名义招聘,实则诱人犯罪。如果招聘者夸夸其谈,反复强调招聘职位轻松,能拿高薪,则很有可能是在引诱你加入传销、色情及其他非法机构。

(8)境外就业。部分人力资源公司、商务咨询公司等中介机构发布境外招聘信息,实则被奴役。

(9)招聘劳务工,合同制做门面。在发布招聘信息时注明工作性质为合同制,不少求职者由此感到合同制较为正规,单位能为其缴纳社会保险,欣然前往应聘。但在面试时却被告知该岗位只招劳务工,由此造成了求职者徒劳往返。

(10)试用期陷阱。试用期陷阱主要表现方式是,以试用期的名义,来获取廉价的劳动力。试用期陷阱的其中一种形式是以各种理由告诉求职者是不合格的,公司解聘也是无奈之举,从而再以很少的薪水继续招聘同样也不会熬过试用期的新人,周而复始,降低成本。

(四)传销陷阱

传统的传销活动表现为传销人员以亲戚拉亲戚、朋友骗朋友的方式发展下线,但这种模式面窄、人少,传销组织想要更多地发展下线比较难,而且还费尽心思。目前,传销组织又设计出一种新型的诱骗发展下线的方式,他们利用大学毕业学生怀着远大抱负,希望早日将自己所学报效祖国、回馈社会、体现人生价值,而且急于想找到工作的心理,通过窃取大学生的求职信息,编造各种理由,诱骗其一步步走进他们设下的陷阱。

(1)以介绍兼职、低成本创业等名义,让人非法聚集,以面对面集中授课"洗脑"的形式,用财富、梦想、荣耀、成功等词语诱导他人参与。

(2)在网上开辟专门网站,诱人上当,这些信息往往以资本运作、电子商务、网络销售、网络加盟、私募基金、股权投资、网络直销、网上培训、点击广告即可获利等形式出现。

在网上建立传销系统,通过互联网发展人员,要求缴纳一定费用或购买产品、积分、返利等,并且要求继续拉人加入或发展下线。

同学、老乡极力拉拢关系,描绘美好前景,但又含糊其词;或有较好的投资、创业项目合作,并要求去实地考察,只要去了可能就进入传销设置的圈套。

大学生找工作时,对方以所谓合法公司为掩护,打着高科技、新产品的幌子,以产品直销为名,宣传增设专卖店、实现连锁销售、创建概念店、申办体验馆、出资购买区域发展加盟商的权利等,通过发展加盟商按层级收取加盟费吸引他人参与。

2013年5月12日,长沙市公安局成功破获了"4·09"特大组织领导传销案,打掉一个1 200余人的特大传销团伙,抓获传销违法人员140余人,其中骨干成员16名,查扣银行卡80余张、作案车辆2辆,初步查明涉案金额3 000余万元。该传销组织对新加入的人员宣称正在从事"连锁经营",实则是以"拉人头"的方式发展下线;同时,要求新人必须"申购"不存在的"资格"方能加入,每人至少申购一份"资格"为3 800元,最多可以"高起点申购"21份"资格"为69 800元,每人最多发展3人成为自己的下线,按照每人及其下线"申购"的所有"资格"份数作为划分业务员、业务组长、业务主任、业务经理、老总5个级别。在该团伙中,犯罪嫌疑人何某某等人分别担任为"能力配合""教育总监""经晨总监""自律总监""自律配合"等职位,均已达到传销组织中的"老总"级别。

提示:如果在网上求职或有人给你介绍"工作""生意",或者推荐"投资",前提条件是先交钱或者购买一定产品,并且要求将亲戚、朋友拉入发展下线,许诺你可以从中提取报酬,这就是典型的传销行为,千万不要碍于情面抱着先试试看的心理盲目加入。如果发现涉嫌传销的组织和人员,或发现自己被骗误入传销,一定要保持理智,设法尽早脱离传销组织,并及时拨打12315或110向工商、公安部门举报。

(五)冒充银行工作人员诈骗

目前,全国出现一种最新型的电信诈骗,犯罪分子利用"中国银行e令(中国银行网银客户持有的动态密码显示设备)行卡过期"、网银升级、信用卡升级、网银密码升级等虚假信息实施诈骗。诈骗分子利用中国银行网上转账只需输入常规静态密码及e令的动态口令,无须USB Key(硬件数字证书载体)的特点,通过发送"中行e令过期"等虚假短信息,诱骗受害人登录与中国银行官方网址(www.boc.cn)相似的"钓鱼网站",从而窃取受害人的登录账户和密码口令。一旦得手,犯罪分子迅速通过网上转账将受害人账户内的资金转走。

某日,张先生收到一条短信,内容为"你的电子密码器将于次日过期,请尽快登录我行网站www.icbzu.cn.com进行维护更新"。短信号码末尾几个数字是95588,落款为工商银行。当他登录网站时,出现和工商银行一样的界面。张先生就按信息提供的网站登录,然后按照提示输入了卡号、密码和身份证号码,一分钟后手机就接到转账短信,其账户余额仅剩百元不到,损失了万余元。

(六) 以"车祸、摔伤住院"诈骗

嫌疑人冒充医务人员或学校辅导员等身份,通过打电话给事主家人或朋友,谎称其子女"出车祸"或"急病"住院,急需汇医疗费,从而达到骗钱的目的。

2011年下学期开学不久,某校学生张某母亲接到一名男子电话,自称是张某的同学,称张某在校外被车撞伤入院治疗,现急需3 500元,并给张某母亲一个账号,让其母亲往这个账号汇款。张母听后非常着急,又因其提供的张某情况和地址完全一致,张母确信不疑,便往那人提供的账号上汇了3 500元。第二天,张母往张某的寝室打电话询问张某病情,准备到学校看望张某时,才知被骗。

(七) 盗用QQ,事先录制QQ视频诈骗

骗子事先通过盗号软件和强制视频软件盗取QQ号码使用人的密码,并录制对方的视频影像,随后登录盗取的QQ号码与其好友聊天,并将所录制的视频播放给其好友观看,骗其信任,从而诈骗钱款。

2013年7月18日,某笔业有限公司财务人员刘某某在上QQ处理业务时,诈骗分子盗取该公司客户QQ,冒充该公司客户通过QQ号联系受害人,称以前用的银行账号注销了,让受害人将款汇到对方提供的银行账号内,受害人便将公司与该客户的往来钱款,通过网银转账汇到诈骗分子提供的账号上,损失18.8万元。

提示:此类诈骗犯罪嫌疑人利用亲友间相互信任、警惕性不高的心理诈骗财物,迷惑性较大。凡涉及钱物,一定要通过电话询问周边亲友、单位等方法进行核定属实后再汇款。

(八) 电话诈骗

嫌疑人通过拨打事主电话冒充其外地朋友、亲戚或单位熟人,谎称出差办事,以出车祸、赌博或打架被抓等借口,要求事主通过银行汇款进行诈骗。

2011年8月28日,成都某高校某系2007级学生陈某接到一号码为136×××6585的手机电话,打电话的男子称是陈某的叔叔,在重庆出差,准备于8月29日到本院看望陈某,陈某信以为真。8月29日早上8:40左右,骗子又向陈某打电话称其在重庆打架把人打伤被派出所扣留,因调解要交5 000元钱,要求陈某存5 000元钱在其指定卡上,陈某没有生疑便于当日10时左右按骗子提供的卡号存入5 000元现金。骗子收到钱后称"调解不成,还需交纳2万元作赔偿费"。此时陈某产生了疑虑,便打其叔叔原来的电话,打通后方知自己被骗。

(九) 网络购物诈骗

骗子常用钓鱼网站以远低于市场价格兜售商品。为增加可信度,骗子常声称商品来自走私、罚没、赃物等非正常渠道。若信以为真,一旦打开网页并输入账户和密码后,骗子就会很快将你的账户资金全部盗走。

2013年7月初,骆某通过微信购买卡西欧TR350相机被骗15 700元。骆某报案后,警方通过调查,于2013年8月4日成功抓获嫌疑人许某等4名犯罪嫌疑人,查获涉案银行卡14张、作案用笔记本电脑1台、作案用手机4部,收缴赃款4万余元。经审,许某等人交代利用微信发布虚假信息进行诈骗,利用QQ联系受害人,作案30余起,涉案金额50余万元。

(十) 虚假中奖信息诈骗

虚假中奖诈骗是骗子借助网络、短信、电话、刮刮卡、信件等媒介为平台发送虚假中奖信息,继而以收取手续费、保证金、邮资、税费为由骗取钱财。

2013年9月5日,受害人方某某(女,24岁)接到一个"95013"开头的"一号通电话"号码来电,对方称是"我是歌手"栏目组负责人,并称受害人手机参加节目方组织的抽奖活动中了二等奖,同时发送了中奖信息。方某没有多想,立即按骗子提供的网页点击进入后得知奖品为一台苹果笔记本电脑和50 000元奖金。方某被高额的奖金冲晕了头,按提示填写完所有的个人资料便打电话与对方联系准备领奖。可是骗子称,在领奖前需要交纳2 800元的个人所得税,骗子同时还向方某提供了一个银行账户,只要方某将个人所得税交了后就可以领走奖金和奖品,方某立马就按骗子留的账户汇去了2 800元,本想着现在可以顺利拿到奖金的方某没有想到的是,骗子又让其汇款5 000元人民币作保证金。这时方某才发现自己被诈骗。

(十一) 发布出售特价飞机票或火车票的信息实施诈骗

骗子通常在百度、赶集网等一些合法正规的电子商务网站上租赁一个网站,虚设××航空公司订票网站,在该网站发布虚假的廉价机票信息,一旦受害人与其联系后,便以需要订金等形式要求欲购者汇款。

2013年1月,太原某高校学生郑某和同学在寒假来临准备订机票回家时,在网上看见一则特价机票销售网站,郑某便和同学一起在网上订购价值5 600余元的10张机票,对方自称是特价抢购机票,不支持货到付款服务。郑某和同学便将购票款转入对方账户,对方以核实余额绑定为由让郑某操作实施,郑某随后发现卡内1万余元全部被划走。

(十二) 无偿提供贷款诈骗

嫌疑人通过互联网、电话、短信等方式发送虚假贷款信息,一旦有事主与其联系,则以收取贷款人保证金、利息等名义,骗取钱财。

2013年7月,刚大学毕业的小李准备和朋友开一家饭馆,正在为资金发愁时,互联网上的一则无抵押贷款的信息吸引了它的眼球;不用财产抵押,不用烦琐细节,3 天内就能放款,月利率 1%,年利率 10%。这则信息,让小李心动。小李和贷款公司取得联系后得知,需要先支付 1 个月的利息,才能办理贷款。对方说打了利息后,就可以直接取得贷款。小李按对方要求打完款后,对方又叫小李打 3 000 块钱的保证金。小李说还没有拿到贷款就已经支付了几千块钱,因而心存疑虑,便在银行根据汇款信息查验了这家单位在山东、总部在浙江的贷款公司账户地址。查了一下,银行说是这家单位山西太原的,这时小李感觉真的是上当了。

(十三)冒充邮局工作人员进行诈骗

冒充邮局工作人员进行诈骗的犯罪手法常以短信形式,发送诈骗信息称受害人有包裹被邮局查扣,内有毒品和大量现金涉嫌刑事犯罪,让受害人交不低于 3 万元的"茶水费",以"摆平"此事。其实,这种骗术并算不高明,嫌疑人无非是利用受害人怕与走私贩毒案件牵扯到一起的心理,通过恐吓、诱骗等手段,引诱受害人一步步地进入他们精心设计的骗局进行诈骗。

2013 年 7 月 26 日,温州瓯海区南白象街道白象村发生一起电信诈骗案件,受害人黎某接到一个自称邮政局工作人员的诈骗电话,对方称其有一个"藏有毒品"的包裹在邮政局被"公安局缉毒大队"查扣,让其联系"公安局缉毒大队"的"魏警官",并向黎某提供了"魏警官"的联系电话。黎某信以为真,联系所谓的"魏警官"进行咨询,"魏警官"利用语言诱逼,让受害人将银行户头上的钱款转到他提供的"资金核查账号"上,致使黎某被骗 12 万余元。

二、诈骗犯罪得逞原因分析

俗话说:"贪小便宜吃大亏。"在发生的诈骗案中,受害者都是因为谋取个人利益,贪占便宜,轻信他人,而上当受骗。犯罪分子就是抓住了这些人的心理特点进行诈骗的。

(1)高攀门第的心理。一些人沾染"拍马屁"的习惯,一见高级干部及其子女的出现,就"顶礼膜拜、见之恨晚",这样很容易成为诈骗的对象。

(2) 利令智昏的心理。有些人见钱眼开、唯利是图、金钱至上、真假不分，眼睛只盯在钱上，警惕全无。

2014年12月18日，成都某高校老师唐某到辖区派出所报警称：2014年12月17日，其在办公室上班时，邮箱收到信息称其中国工商银行电子密码器存在偏移，需登录网站校正，唐某进入该邮件提供的网络链接按要求填写相关内容，后其查银行卡消费记录时，发现银行卡内现金被人刷走10 000元，遂报警。

2015年3月14日，成都某高校学生苏某报警称：2015年3月13日22时至14日凌晨1点期间，他在学校寝室里上网时，被人以其淘宝店铺未交保证金为由诈骗6 000元。

(3) 封建迷信的心理。轻信"神""鬼""命运"。不相信客观实际，不懂装懂，轻易相信对方。

(4) 崇洋媚外的心理。贪图享受，追求国外生活，因而上当受骗。

(5) 急于致富的心理。认为自己上大学用了家长的一大笔资金，现在要尽快发财致富，所以上当受骗。

三、高校诈骗案件的预防措施

(一) 提高防范意识，学会自我保护

社会环境千变万化，青年大学生必须尽快适应环境，学会自我保护。要积极参加学校组织的法治和安全防范教育活动，多知道、多了解、多掌握一些防范知识对于自己有百利而无一害。在日常生活中，要做到不贪图便宜，不谋取私利；在提倡助人为乐、奉献爱心的同时，要提高警惕性，不能轻信花言巧语；不要把自己的家庭地址等情况随便告诉陌生人，以免上当受骗；不能用不正当的手段谋求择业和出国；发现可疑人员要及时报告，上当受骗后更要及时报案、大胆揭发，使犯罪分子受到应有的法律制裁。

(二) 交友要谨慎，避免以感情代替理智

人的感情是主体与客体的交流，既是主观体验也是对外界的反映，本身应该包含合理的理智成分。如果只凭感情用事，一味跟着感觉走，往往容易上当

受骗。交友最基本的原则有两条:一是择其善者而从之,真正的朋友应该建立在志同道合、高尚的道德情操基础之上,是真诚的感情交流而不是简单的利益关系,要学会了解、理解和谅解;二是严格做到"四戒",即戒交低级下流之辈,戒交挥金如土之流,戒交吃喝嫖赌之徒,戒交游手好闲之人。与人交往要区别对待,保持应有的理智。对于熟人或朋友介绍的人,要学会"听其言,察其色,辨其行"。对于初相识的朋友,不要轻易"掏心窝子",更不能言听计从,受其摆布利用。对于那些"来如风雨,去如微尘"的上门客,态度要热情,处置要小心,尽量不为他们提供单独行动的时间和空间,以避免给犯罪分子创造作案条件。

(三)同学之间要相互沟通、相互帮助

在大学里,无论哪个学院、哪个专业,班集体总是校园中一个最基本的组织形式。在这个集体中,大家向往着同一个学习目标,生活和学习是统一的、同步的,同学间、师生间的友谊比什么都珍贵,因此,相互间应该加强沟通、互相帮助。有些同学习惯于把个人之间的交往看作个人隐私,但必须了解,既然是交往就不存在绝对保密。有些交往关系,在自己认为适合的范围内适当透露或公开,更适合安全需要,特别是在自己觉得可能会吃亏上当时,与同学有所沟通或许就会得到一些帮助并避免受害。

(四)服从校园管理,自觉遵守校纪校规

为了加强校园管理,学校制订了一系列管理制度和规定。制度,总是用来约束人们行为的,在执行过程中可能会给学生们带来一些不便;但是制度却是必不可缺的,况且,绝大多数校园管理制度都是为控制闲杂人员和犯罪分子混入校园作案,以维护学生正当权益和校园秩序而制定的。因此,学生们一定要认真执行有关规定,自觉遵守校纪校规,积极支持有关部门履行管理职能,并努力发挥出自己应有的作用。

第三节 抢劫的防范与对策

抢劫,是指以非法占有为目的,以暴力胁迫或者其他方法将公私财物据为己有的一种犯罪行为。抢夺,则是指以非法占有为目的,乘人不备公然夺取他人的财物的一种犯罪行为。这两类犯罪行为都会侵害他人的人身权利,且容易转化为凶杀、伤害、强奸等恶性案件,比盗窃犯罪更具有社会危害性。

一、大学生如何避免被抢劫

(1) 不外露或向外人炫耀随身携带的贵重物品,单独外出不要轻易带过多的现金。

(2) 尽量不要独自外出,注意结伴而行。

(3) 不要独自在偏远、阴暗的林间小道、山路上行走,不到行人稀少,环境阴暗、偏僻的地方,避开无人之地。

(4) 尽量避免深夜滞留在外不归或晚归。

(5) 穿戴适宜,尽量使自己活动方便。

(6) 单身时不要显露过于胆怯、害怕的神情。

二、遭受抢劫时的对策

遭受抢劫时,要保持精神上的镇定和心理上的平静,克服畏惧、恐慌情绪,冷静分析自己所处的环境,对比双方的力量,针对不同的情况采取不同的对策。

(1) 首先要想到尽力反抗。只要具备反抗能力或时机有利,就应发动进攻,以制服或使作案人丧失继续作案的心理和能力。

(2) 尽量纠缠。可利用有利地形和利用身边的砖头、木棒等足以自卫的武器与作案人形成僵持局面,使作案人短时间内无法近身,以便引来援助者并对作案人造成心理上的压力。

(3) 无法与作案人抗衡时,可以看准时机向有人、有灯光的地方或宿舍区奔跑。

(4) 巧妙麻痹作案人。当已处于作案人的控制之下而无法反抗时,可按作案人的需求交出部分财物,并采用语言反抗法理直气壮地对作案人进行说服教育,晓以利害,从而造成作案人心理上的恐慌。切不可一味地求饶,应当尽力保持镇定,与作案人说笑、斗口,采取默认方式表明自己交出全部财物并无反抗的意图,使作案人放松警惕,以便自己看准时机进行反抗或逃脱其控制。

(5) 采用间接反抗法。趁作案人不注意时在其身上留下记号,如在其衣服上擦点泥土、血迹,在其口袋中装点有标记的小物件,在作案人得逞后悄悄尾随其后注意逃跑去向等。

(6) 要注意观察作案人,尽量准确记下其特征,如身高、年龄、体态、发型、衣着、胡须、语言、行为等特征。

(7) 及时报案。作案人得逞以后,很有可能继续寻找下一个抢劫目标,甚至在作案现场附近的商店和餐厅进行挥霍。高校一般都有较为严密的防范措施,能及时报案和准确描述作案人特征,有利于相关部门及时组织力量布控,抓获作案人。

(8) 无论在什么情况下,遇到抢劫时只要有可能就要大声呼救,或故意高声与作案人说话。遭受抢劫时灵活采用上述办法,是有可能制服作案分子的。

某校一男一女两名大学生深夜十一点多在校园树林中漫步。突然,数名小流氓围了上来,欲强行搜身,女学生吓得直发抖,男学生则急中生智,掏出香烟、手机和几十元钱,假说自己也是社会上玩的,愿意和他们交个朋友。小流氓见他爽快,也没过多地为难他们,拿了东西扬长而去。这时,男学生让女学生回去报案,自己则悄悄尾随其后。没过多久,有说有笑分享"果实"的小流氓被全部抓获。

第四节 校园信贷

信用是立身处世之本,它代表一种资本和能力,有信用的人在事业上更容易取得成功。对大学生来说,信用是一笔无形资产,恪守信用,利用好信用资本,是大学生成功、成才的可靠保障。加强大学生信用教育,提高信用意识和诚信道德水平,在大学生中形成"守信为荣,失信可耻"的共识是教育之责,是高校培养合格人才的必备环节。

一、校园贷引发的问题

校园贷是指在校学生向各类借贷平台借钱的行为。近来,社会各界对校园贷问题表示关切。调查显示,在弥补资金短缺时,有8.77%的大学生会使用贷款获取资金,其中网络贷款几乎占了一半。只要是在校学生,网上提交资料,通过审核,支付一定的手续费,就能轻松申请到信用贷款。

校园贷能帮助大学生创业、助学,在培养良好的消费意识、理财意识方面也有积极意义。只是越来越多的平台被欺诈分子利用,一些放贷机构对逾期不能还款的学生采取恐吓、威逼、打骂、公开裸照等恶劣的手段进行催债,不仅影响到了学生的人身安全,也影响到高校的正常教育和秩序,造成了极其恶劣的社会影响。因此,相关部门一定要切实规范校园贷,严厉打击放贷机构非法收贷,这样才能使它朝好的趋势发展。

中国银行保险监督管理委员会在《关于银行业风险防控工作的指导意见》中指出,要稳妥推进互联网金融风险治理,促进合规稳健发展,重点做好校园贷的清理整顿,禁止向未满十八岁的在校大学生提供网贷服务。随着监管加强,校园贷风险正在逐步解除,发展回归正常。但同时,大学生的信用安全意识依然非常薄弱,校园金融信用安全知识教育亟待加强。

湖南某高校一学生会主席李某,以创业需要资金的名义,先后骗取了27名同学的相关身份信息,从各大网贷平台贷款近百万元。这些钱并没有用于创业,而是被用来旅游、买车、挥霍等,直到债务越滚越大,李某难以自拔,最终被同学报警。

福建某高校大二女生小洁因深陷校园贷而自杀的案例。据悉,小洁卷入的校园贷至少有五家,仅在其中一家"今借到"平台的借款就有257笔,累计借款超过57万元。因无法偿还巨额债务,小洁走上了不归路。

二、避免出现信贷安全问题的建议

根据中国人民大学早前发布的《全国大学生信用认知调研报告》显示,当前有近六成大学生缺乏信用知识,逾八成的大学生没听说过或不了解个人信用报告。而发生在校园的大部分金融欺诈行为,都和学生的信用安全意识、法律意识薄弱有关。为了避免出现信贷安全问题,我们有如下几点建议:

第一,不要将个人信息放在公开的社交网络。

第二,谨防索要个人信息的陌生人或机构。

第三,勿轻信他人以提额、助审为由收取费用。

第四,培养科学消费观,拒绝不良网贷,杜绝过度借贷等。

第九章
大学生交通安全

DIJIUZHANG

大学生交通安全是指大学生在校园内和校园外的道路行走、骑行、驾驶车辆、乘坐交通工具时的人身安全。只要有行人、车辆、道路这三个交通安全要素存在,就有交通安全问题。有的时候,也许只是一个小小的意外,就会造成严重后果,断送美好的前程甚至生命。

随着社会的发展,高校与社会的联系越来越紧密和频繁,很多高校校园内人流量、车流量急剧增加。校园道路建设、校园交通管理滞后于高校的发展,一般校园道路都比较狭窄,交叉路口没有信号灯管制,也没有专职交通管理人员管理。校园内人员居住集中,上、下课时容易形成人流高峰等原因,致使高校的交通环境日益复杂,交通事故经常发生。

第一节 交通安全常识

道路交通的畅通、安全,离不开每一位交通参与者的努力。不管是机动车驾驶人、非机动车驾驶人,还是行人,守规守法、文明出行,都是道路交通参与的第一要素。道路千万条,安全第一条。作为大学生,我们要了解交通安全隐患,掌握安全防范技能,确保自己和他人的生命安全。

一、交通安全的有关法规

《中华人民共和国道路交通安全法》于2004年5月1日起施行。部分摘要如下。

第一条 为了维护道路交通秩序,预防和减少交通事故,保护人身安全,保护公民、法人和其他组织的财产安全及其他合法权益,提高通行效率,制定本法。

第二条 中华人民共和国境内的车辆驾驶人、行人、乘车人以及与道路交通活动有关的单位和个人,都应当遵守本法。

第三条 道路交通安全工作,应当遵循依法管理、方便群众的原则,保障道路交通有序、安全、畅通。

第六条 各级人民政府应当经常进行道路交通安全教育,提高公民的道路交通安全意识。

公安机关交通管理部门及其交通警察执行职务时,应当加强道路交通安全法律、法规的宣传,并模范遵守道路交通安全法律、法规。

机关、部队、企业事业单位、社会团体以及其他组织,应当对本单位的人员进行道路交通安全教育。

教育行政部门、学校应当将道路交通安全教育纳入法制教育的内容。

新闻、出版、广播、电视等有关单位,有进行道路交通安全教育的义务。

第七条　对道路交通安全管理工作,应当加强科学研究,推广、使用先进的管理方法、技术、设备。

第二十二条　机动车驾驶人应当遵守道路交通安全法律、法规的规定,按照操作规范安全驾驶、文明驾驶。

饮酒、服用国家管制的精神药品或者麻醉药品,或者患有妨碍安全驾驶机动车的疾病,或者过度疲劳影响安全驾驶的,不得驾驶机动车。

任何人不得强迫、指使、纵容驾驶人违反道路交通安全法律、法规和机动车安全驾驶要求驾驶机动车。

第三十八条　车辆、行人应当按照交通信号通行;遇有交通警察现场指挥时,应当按照交通警察的指挥通行;在没有交通信号的道路上,应当在确保安全、畅通的原则下通行。

第六十一条　行人应当在人行道内行走,没有人行道的靠路边行走。

第六十二条　行人通过路口或者横过道路,应当走人行横道或者过街设施;通过有交通信号灯的人行横道,应当按照交通信号灯指示通行;通过没有交通信号灯、人行横道的路口,或者在没有过街设施的路段横过道路,应当在确认安全后通过。

第六十三条　行人不得跨越、倚坐道路隔离设施,不得扒车、强行拦车或者实施妨碍道路交通安全的其他行为。

第六十五条　行人通过铁路道口时,应当按照交通信号或者管理人员的指挥通行;没有交通信号和管理人员的,应当在确认无火车驶临后,迅速通过。

第六十六条　乘车人不得携带易燃易爆等危险物品,不得向车外抛洒物品,不得有影响驾驶人安全驾驶的行为。

第八十九条　行人、乘车人、非机动车驾驶人违反道路交通安全法律、法规关于道路通行规定的,处警告或者五元以上五十元以下罚款;非机动车驾驶人拒绝接受罚款处罚的,可以扣留其非机动车。

二、行人交通安全

(一)要注意的事项

行人交通安全应当注意以下方面。

1. 行人要走人行道

行人走路时一定要走人行道,如果没有人行道,要靠马路右侧靠边行走。几个人一起走路时,要尽量排成纵队,靠路边走。

2. 走路时要集中注意力

行人走路时一定要集中注意力,要随时观察路面情况,注意过往车辆,不要戴耳机听音乐、看手机、玩手机游戏。

3. 过马路要遵守交通信号

过马路要遵守"红灯停,绿灯行"的规则,绿灯亮时,准许行人通过人行横道;红灯亮时,禁止行人进入人行横道,但是已经进入人行横道的,可以继续通过或者在道路中心线处停留等候。

4. 过马路要走过街设施和人行横道

行人过马路时,有过街天桥的一定要首选过街天桥,人车分离,过马路更加安全。没有过街设施的应当从人行横道通过。

5. 要认识交通标识

行人交通标识如图9-1、图9-2所示。

图 9-1　通行交通标识

图 9-2　禁行交通标识

(1) 黄色的是警告标识,表示前面可能有危险。

(2) 红色的是禁令标识,表示前面不可以走。

(3) 蓝色的是指示标识,表示前面可以走,指明道路方向、地点和距离。

(4) 棕色的是旅游区标识,告知旅游区的方向和距离。

(5) 绿色的是高速公路标识。

6. 夜间出行需注意

夜间尽量减少出行,出行时要穿颜色鲜艳或带有反光标识的衣服,遇见有机动车通行时,要确保在灯光能照射到的条件下安全通行。

(二)做到"五不要"

另外,行人交通安全还要做到"五不要"。

1. 不要在道路上踢足球、玩滑板、滑旱冰等

在道路上踢球、玩滑板、滑旱冰都是非常危险的行为,因为道路上的车辆行驶速度都非常快,一旦发生紧急情况,司机来不及刹车,后果不堪设想。

2. 不要在道路上嬉戏打闹

道路上车多速度快,在车道上嬉戏打闹、坐卧停留非常危险。

某高校两名大学生外出购物,行走在机动车道右侧嬉戏打闹,其中一名学生在与同伴打闹中未注意观察到后方行驶的车辆,被撞到腿部受轻微伤。

3. 不要翻越栏杆

过马路时一定要走人行横道或过街设施,不能为了少走几步路而翻越栏杆,在贪图一时便利的同时,这些行为往往会带来致命的后果。

4. 不要随意横过马路

突然横过马路非常危险,应当观察来往车辆的情况,确认安全后直行通过,不得在车辆临近时突然加速横穿或者中途倒退、折返。

5. 不要扒车、追车

不要因为好玩,就去追赶行驶中的车辆,要是从车上坠落或撞上行人、电线杆等物体,会伤得不轻。

某大学校园内,一辆三轮电动车从远处快速行驶过来,三名大学生追赶、攀爬上车厢乘坐。行驶过程中,其中两名学生不慎从三轮电动车摔落。事故造成一名学生受伤,另一名学生经送医抢救无效死亡。目前案件正在进一步调查当中。

三、骑行交通安全

这里的骑行,指骑行(乘坐)自行车和电动自行车等非机动车。骑行交通安全应当注意以下方面。

1. 骑行规范戴头盔

骑行电动自行车和自行车,机动灵活但稳定性较差,发生事故时驾驶人往往头部易受伤,所以骑行(乘坐)电动自行车要正确佩戴安全头盔,骑自行车也推荐大家戴头盔。

2023年9月27日下午,某高校在校生小郑在校园内乘坐同学小张驾驶的共享电动车发生车祸,经过一个十字路口时撞上驶来的一辆摩托车。小郑未佩戴头盔,导致头部受伤严重,昏迷不醒。小郑入院治疗一个月后,于10月28日离世。

2. 各行其道要记牢

骑行电动自行车和自行车上路,要在非机动车道内通行,在没有非机动车道的道路上,应当沿道路右侧行驶。转弯要分三步走:第一步,减速慢行;第二步,向后张望,伸手示意;第三步,转弯。不要突然转弯,以免发生危险。

3. 骑行精力要集中

骑车时玩手机、看视频、听音乐等行为会导致骑行人注意力分散,遇到紧急情况时难以应对,极易导致交通事故。骑自行车、电动自行车等非机动车应集中注意力,仔细观察,自觉抵制打电话、发微信、刷短视频等行为,以免短暂的分神带来巨大的伤害。

4. 骑行切莫闯红灯

骑行时心存侥幸或为了赶时间闯红灯是非常危险的,通过有交通信号灯控制的路口时,要严格遵守交通信号灯的指示,不要闯红灯,宁等三分,不抢一秒。赶时间不是闯红灯的理由,为了自己和他人的生命安全,千万不可心存侥幸闯红灯。

某日凌晨零时，某高校学生郭某骑电动车沿道路向北行驶至一个路口时闯红灯。当时，司机余某恰好驾驶一辆小轿车按照信号灯指示由东向西行驶。郭某骑电动车正好撞上正常行驶的轿车前部，导致两车受损。郭某从电动车摔下倒地受伤，被紧急送医，所幸伤势轻微，并无大碍。

5. 追逐竞驶危险多

骑行时应匀速正常行驶，马路不是竞技场，非机动车驾驶员无论在城市道路或是山路骑行，都要避免相互追逐或曲折竞驶，避免一味追求速度。如遇到突然出现的行人、临时变道的车辆等紧急情况，都有可能引发严重事故。

6. 单手骑行危险多

骑行时应正向坐好，双手扶把靠道路右侧骑行。单手骑行、双手离把、攀扶机动车骑行既危险又违法，此时骑行人对车辆的控制能力减弱，易失去平衡摔倒或驶入路中与机动车发生碰撞，遇紧急情况时也难以及时应对，易导致自身摔倒受伤或碰撞事故。

7. 违法载人危害大

电动自行车的稳定性较差，违法载人、超员载人将增大车辆负荷、改变车辆重心，延长车辆制动距离，增加骑行操控难度，严重威胁骑乘人员及周围其他交通参与者的安全。成年人骑自行车和电动自行车仅可以在固定座椅内载一名12周岁以下的儿童。

8. 骑行疲劳早休息

在骑行自行车时，应该避免骑行过度，以免疲劳导致骑行不稳定。如果感到疲劳，应该及时休息，以恢复体力。

第二节　乘坐交通工具的安全防范

一、乘坐火车时的安全防范

火车在我国是旅行的主要交通工具。它的特点是载客量大、车次准确、费用低，中途可以换乘，停留具有一定的灵活性。此外，火车还有夜间行车的优越性，既可节省时间又可节省住宿费，在途中得到休息。火车的发行时刻几乎

是固定的,不易受天气影响,便于旅客掌握时间,合理安排日程。乘坐时应注意下列问题:

(1) 当旅客进站上车时,应该走规定的检票口,通过天桥或地道,不可穿行铁路、钻车或跳车。还要特别注意严禁携带易燃品、易爆品和危险品上车。

(2) 当列车进站时,旅客和送旅客的人都应退离站台安全线外。因为列车进站时速度较快、风力大,如离得太近就有可能被卷入站台下发生危险。在列车还没停稳时,不要往前拥挤,更不要跳窗,应先下后上,按顺序上车。

(3) 当列车开动时,送旅客的人一定不要越过站台的安全线,更不可随车向前跑动,不可向车上的亲友握手或递东西。

(4) 当列车运行时,不要把手、脚和头部伸到车窗外,以防被信号机、隧道以及线路旁的树木刮伤。行车架上的物品要放牢,避免掉下来砸伤人。睡在卧铺车厢上铺时,要将车上的安全皮带挂好,防止睡觉时掉下来摔伤。在列车上不宜饮酒,因为喝酒过量,头脑失控,容易碰伤、摔伤,甚至造成伤亡事故。

(5) 列车停靠站时,经常出现上下乘客多、找座位多和换行李空地多的现象。此时,要特别注意防范违法犯罪嫌疑人浑水摸鱼,要留神看好自己的行李物品。不论是白天还是晚上,尤其是夜间,要特别注意防范违法犯罪嫌疑人盗走行李、财物等。

2023年8月20日,某高铁车站派出所接到报警,大学生潘某上车后发现其随身携带的黑色双肩背包不见了,请求民警帮助寻找。接到报警后,民警根据潘某提供的进站时间和行走路线,调取了公共场所视频,发现潘某进站时携带一个黑色双肩背包,通过安检后,却并没有携带黑色双肩背包。民警立即前往安检区域查找,很快找到了一个无人认领的黑色双肩背包,经过确认,这个背包就是潘某遗失的背包。原来,潘某由于赶时间,着急乘车,经过安检后没有及时清点行李件数就匆匆离开,这才遗失了背包。

二、乘坐汽车时的安全防范

(1) 乘坐公共汽车、电车和长途汽车时,须在站台或指定地点依次候车,待车停稳后,先下后上。特别要注意的是,有的乘客下车后,往往急于赶路,突然从车前、车后走出或快速穿越马路,这样极易被来往车辆撞上,轻则吓一跳,重则造成伤亡。为了安全,乘车人下车后,应先走到人行横道,再从人行横道过马路。

> 小徐是某大学大一的新生,一天上午,他刚从学校门口出来,就上了一辆97路公交车。车上的人并不多,后面还有位置,小徐便找了一个靠门的位置坐了下来。公交车在驶离公交站台后继续向前行驶,在通过一处十字路口的时候,一辆大卡车笔直地向公交车的中部撞来。"哐"的一声,卡车的左边车头撞进了公交车的中部偏后方。乘客瞬间从座位上被撞到了走道中央,地面上全是碎玻璃碴,不少乘客满脸都是血,小徐的嘴巴被碎玻璃碴划伤。

(2) 乘车时,要在车辆停稳后,观察后面有无来车(包括自行车、电动车等)再开右侧车门。因为右侧靠非机动车道或人行道,下车后较为安全;左侧靠机动车道,穿梭来往的机动车车速快,下车后不安全。如果需开左侧门,应在确无来的车情况下开门下车,并迅速安全地向人行道方向走,切不可直接穿越公路。

(3) 拒绝携带易燃易爆物等危险品乘坐公共汽车、电车、出租汽车和长途客车。易燃物品一般指煤油、汽油、香水等;易爆物品是指爆破器材,包括各类炸药、雷管、导火线、非电导爆系统、起爆药和爆破剂、信号弹等。

(4) 乘车人不要同司机攀谈,不应催促司机快速开车,或用其他方式妨碍司机正常驾驶。车辆行进中,不要将身体的任何部分伸出车外,也不能跳车。

(5) 乘汽车旅行需时时刻刻注意自己人身及随身携带的财物的安全,尽量不要在车内打瞌睡。汽车内空间相对狭小,方便了违法犯罪分子的作案,因此,一定要看管好自己的钱财和贵重物品,防止被盗。同时,要坐正规经营的车辆,不得坐非法营运车。

> 近年来发生了多次女大学生坐黑车被害的案例。2014年8月21日,22岁的女大学生金某到青岛参加体检。金某体检后到达济南火车站后准备到济南西客站转车去泰安,于是嫌疑人代某与金某搭讪,称要骑电动车送金某去西客站。但他却将金某带到了其住处,对金某实施了捆绑、堵嘴、殴打、恐吓、强奸,并利用性药品和性工具对金某实施多次性虐待。8月25日8时54分,济南市市中区公安分局指

挥中心接到一起北京市民孙某的报警电话,称其女网友金某(22岁,在校大学生)向其发短信称被人绑架。被绑架后的金某是趁嫌疑人不备,使用嫌疑人的手机给孙某发了一条短信。短信称,她被一名男子绑架到了一个叫"龙庄"的地方。接警后,七贤派出所民警根据掌握的线索,迅速对辖区村庄进行大面积清查。在清查双龙庄的一处出租屋时,一名大约50岁的男子拒绝民警进屋。发现可疑后,民警进屋查看,见一年轻女子蜷缩在墙角的沙发上,身上裹着床单,脸上有伤。民警询问该女子姓名,女子自称金某,并出示了个人身份证,民警确认该女子就是给孙先生发短信报警的人。

(6)防止晕车,及早预防。如以往有晕车情况发生,应提前预防,可在上车前半小时服用晕车药以防止晕车。

三、乘坐飞机时的安全防范

(1)登机前,乘客及其随身拖带的一切行李物品,必须接受机场安检部门的安全检查。乘客要按所购机票的机舱类别、座位号就座,除上厕所等某些必要的活动外,一般不要随便走动,不要串舱,更不要接近驾驶舱。

(2)熟记空中乘务员的飞行安全示范。各种飞机机型都有紧急出口,乘客上飞机后应细心聆听乘务员讲解的飞行安全须知,熟悉紧急出口的位置及其他安全避险措施,以免遇到紧急情况时手足无措。

(3)大件行李切勿随身携带上飞机。有许多乘客往往为了节省时间,喜欢随身携带大件行李上飞机,这实际上不利于安全。发生紧急事故时,座位上方的物柜会因承受不了重量而裂开,导致大件行李掉落,从而危及乘客的安全。

(4)在飞机起飞、降落和飞行颠簸时要系好安全带。身体不适时,应及时与乘务员联系,可请乘务员帮助调整座椅上方的通风器和座椅靠背,闭目休息。飞机上备有常用的急救药品,乘务员会在必要时提供。

(5)机舱内配有救生设施,乘务员会将这些设施的使用方法向乘客介绍和示范,在发生紧急情况时,由机组人员组织乘客使用。未经机组人员的许可,任何人都不可随意动用。当面临紧急情况时,乘客应保持镇定,绝对听从机组人员的指挥。

(6)乘飞机时要尽量穿棉质的衣服,最好不要穿容易燃烧的化纤衣服。少喝酒及含酒精的饮料,酒精可使人的紧急应变能力下降,因此,坐飞机时自我约束酒量非常重要。

四、乘坐轮船时的安全防范

船舶在江河湖海里航行时,也存在船舶意外事件的威胁,如碰撞、火灾、爆炸、触礁,甚至船舶翻沉等,乘客的安全受到严重的威胁。因此,我们需要掌握一定的自救、互救知识。

(1) 船舶发生事故时,求生者最初遇到的危险有如下三点。一是溺水。如果落入水中,不会游泳而又没有任何救生漂浮工具,在水中就无法保持漂浮。二是浸泡和曝晒。人体浸泡在水中,散热比在陆地上快得多,容易造成体热消耗过大,时间久了就会使人处于低温昏迷直至死亡。人体在酷热的阳光曝晒下,更容易发生晒伤、衰竭、中暑等。三是晕浪。求生者在救生艇、救生筏上晕船会引起过度呕吐,使身体大量失水,出现头晕、虚弱的症状。

(2) 水上求生应遵循如下四个原则。一是搞好自身保护。稳定情绪,寻找救生及漂浮工具,扣好救生衣,找出哨笛。漂浮在水中时不要轻易游动,除非是要接近附近的船只或可攀附的漂浮物。在水中采取好的姿势对保存体热很重要:双腿并拢屈到胸部,两肘紧贴身旁,两臂交叉不能入睡,振作精神,坚持时间越长获救机会越大。二是要搞清船舶出事的准确位置,并想法呼(求)救。三是对于海上求生者来说,千万不要喝海水。海水含盐量往往比淡水大5%,饮用海水,躯体反而失水更快,更感到口渴,严重者会出现腹胀、幻觉、神志昏迷、精神错乱等症状。四是在求生过程中要尽量节省食物,在没有充足淡水供应时,更应注意少进食或尽可能不进食,以避免大量消耗体内水分。

(3) 登船后,应了解自己和船上备用的救生衣(具)存放的位置,以及救生艇、救生筏存放的位置,要熟悉和了解船上的各通道、出入口处以及通往甲板的最近逃生口,以便在紧急情况下能迅速地离开危险的地方。

(4) 弃船逃生。有时不得不跳水游泳离开船时,跳水前尽量选择较低的位置,要查看水面,避开水面上的漂浮物,应从船的上风舷跳下,如船左右倾斜时应从船首或船尾跳下,跳水姿势要正确:

左手紧握右侧救生衣,夹紧并往下拉,入水后也不松开左手,待浮出水面后再放松,右手五指并拢,将鼻口捂紧,双脚并拢,躯体保持垂直,头朝上、脚向下跳水,跳入水后尽快游离出事的船。

跳水时,如果水面上漂浮着燃烧的油火,这时要冷静看清周围的情况,在船的上风侧选择适当位置,然后深吸一口气,一手捂鼻口,另一只手遮着眼睛及面部,两脚伸直并拢,侧身垂直向下跳入水中。入水后要向上风方向潜游,露出水面换气时,应先将手伸出并拨动水面,拨开火苗,头出水后立即向下风方向做一深呼吸再下潜,向上风方向游去,如此反复直至游出着火水面。如果遇到没燃烧的漂油时,必须将头部高高仰出水面,紧闭嘴,防止油进入鼻口,同时还要注意不让油进入眼内。

第三节　交通事故的防范与对策

一、交通事故及其主要表现形式

(一) 校园外常见的交通事故

1. 行走时发生交通事故

大学生余暇空闲时购物、观光、访友要到市区活动,这些地方车流量大、行人多,各种交通标志眼花缭乱,与校园相比交通状况更加复杂,若缺乏通行经验发生交通事故的概率很高。上海一所著名大学的校长说:"在各个大学中普遍存在这样一种情况,少数学生书读得越多,越不会走路,遵守交通规则的意识越淡薄,不仅在校园里乱骑车、乱停车,在马路上违反交通规则也时有发生。"

某重点大学一男生,双休日与几名同学上街。街上车辆川流不息,行人熙熙攘攘,不一会儿该生与同学掉了队。正当他着急四处张望时,同学在马路对面大声叫其名字,他就慌忙朝马路对面跑过去。此时一辆大卡车正飞驰而来,将其撞倒并从他身上碾压过去,为此该生付出了生命代价。

2. 乘坐交通工具时发生交通事故

大学生离校、返校、外出旅游、社会实践、寻找工作等都要乘坐各种长途或短途的交通工具。全国各地高校大学生因乘坐交通工具发生交通事故的情况时有发生,有时甚至造成群体性伤亡,教训十分惨重。

贵州某医学院在校大学生于 2014 年 3 月 9 日晚 23 点 30 至 3 月 10 日 0 时骑摩托车发生的重大交通事故。这八名学生两两一组，分坐四辆摩托车，其中一辆车发生了单方交通事故，车上一名大二女生身亡，另一名大四男生轻伤。

（二）校园内发生交通事故的主要表现形式

校园内发生交通事故的主要原因是思想麻痹和安全意识淡薄。许多大学生刚刚离开父母和家庭，缺乏社会生活经验，头脑里交通安全意识比较淡薄，同时有的学生在思想上还存在校园内骑车和行走肯定比公路上安全的错误认识。一旦遇到意外，发生交通事故就在所难免。校园内发生交通事故的主要形式有以下几种：

1. 注意力不集中

注意力不集中是最主要的形式，表现为行人边走路边看书边听音乐，或者左顾右盼、心不在焉。

某高校李某是个近视眼，可他却最喜欢戴着耳塞边听音乐边走路边看书，有时候车到了他跟前才发觉。同学提醒他要注意，他却当作耳边风。某日下午，他跟往常一样一边听着音乐一边看着书回宿舍。经过一个十字路口时，一辆桑塔纳轿车从他左侧开过来，汽车鸣笛，他却丝毫没有避让的意思，结果汽车刹车不及将他撞倒，幸好车速不是太快，否则性命难保。

2. 在路上进行球类活动

大学生精力旺盛、活泼好动，即使在路上行走也是蹦蹦跳跳、嬉戏打闹，甚至有时还在路上进行球类活动，更是增加了发生事故的危险。

某高校两位男生在操场踢完足球后，在回寝室的路上还余兴未尽，在路上边跑边相互传球，此时身后正好驶来一辆摩托车，驾驶员方向把握不稳，躲闪不及撞上了其中的一位，导致该学生被撞成右小腿骨折。

3. 骑"飞车"

一般高校校园面积都比较大，宿舍与教室、图书馆等之间的距离比较远，所以许多大学生购买了自行车，课间或下课时骑自行车在人海中穿行是大学的一道风景线。但部分学生骑车技术也实在"高超"，居然能把自行车骑得与汽车一样快，殊不知就此埋下了祸根。

某高校学生李某，头天晚上在网吧里上网到第二天凌晨三点多才回寝室休息。一觉醒来已快到上课时间了，他起床后顾不得梳洗匆匆下楼，骑上自行车飞快朝教室奔去。当他骑到一个下坡向右转弯的路段时，本来车速就很快，但他仍觉得慢，又猛踩了几下。就在这时迎面来了一辆小轿车，因车速太快，躲闪时掉进了路旁的水沟里，致使他右胳膊骨折，自行车摔坏。

二、交通事故的预防

（一）提高交通安全意识

不管是在校内还是在校外，发生交通事故最主要的原因是思想麻痹、安全意识淡薄。作为一名在校大学生，遵守交通法规是最起码的要求。若没有交通安全意识，很容易带来生命之忧。

2012年6月11日晚10点，成都高新西区某高校2011级学生索某、胡某骑一辆电动车行至西源大道与新业路交叉路口时，与一辆轿车撞倒，索某当场死亡，胡某被送到附近医院。他们发生车祸的原因就是交通安全意识淡薄，不遵守交通规则，车速较快。

（二）自觉遵守交通法规

除提高交通安全意识、掌握基本的交通安全常识外，还必须自觉遵守交通法规，才能保证安全。以下两点是必须掌握并要在日常生活中严格遵守的：

（1）在道路上行走，应走人行道，无人行道时靠右边行走。走路时要集中精力，"眼观六路，耳听八方"；不与机动车抢道，不突然横穿马路、翻越护栏、过街走人行横道;不闯红灯,不进入标有"禁止行人通行""危险"等标志的地方。

（2）乘坐交通工具。乘车时应等车停稳后,依次上车,不挤不抢。车辆行驶中不得把身体伸出窗外;乘坐长途客车、中巴车时不能贪图便宜,乘坐车况不好的车,不要乘坐"黑巴""摩的",因为这些车辆的安全没有保障。乘坐火车、轮船、飞机时必须分别遵守车站、码头和机场的各项安全管理规定。

三、发生交通事故的处理办法

（一）及时报案

无论是在校外还是在校内,一旦发生交通事故后,首先应想到的是及时报案,这有利于事故的公正处理,千万不能与肇事者"私了"。若在校外发生交通事故除及时报案外,还应该及时与学校取得联系,由学校出面处理有关事宜。

（二）抢救伤员,保护现场

交通事故发生后应采取有效措施正确抢救伤员,并迅速打120电话求救。事故现场的勘查结论是划分事故责任的依据之一,若现场没有保护好会给交通事故的处理带来困难,造成"有理说不清"的情况。切记,发生交通事故后要保护好事故现场。

（三）控制肇事者

若肇事者想逃脱一定要设法控制他,自己不能控制时可以发动周围的人帮忙控制,若实在无法控制也要记住肇事车辆的车辆牌号等特征。

（四）依法解决交通事故损害赔偿

交通事故发生时,如果当事人不能自行协商处理,则应依据法律进行处理。报警之后,要协助交警收集各种证据,填写交通事故认定书。

第十章 大学生法律意识

DISHIZHANG

第一节　提高大学生法律意识

有关统计资料表明,我国高校学生违法犯罪率占高校总人数的1.26%。大学生犯罪目前仍有增长趋势,而且犯罪类型向多样化、智能化方向发展,这种趋势不能不引起我们高度的重视。

清华大学学生刘海洋"伤熊事件"曾经引起全社会的广泛关注,"马加爵事件"更是让人触目惊心。在现实生活中,很多大学生在当自己的合法权益受到侵害时,不能积极主动地利用法律武器来维护自己的正当权益,而是以消极的态度对待法律,甚至放弃法律武器而采用报复的手段来讨回"公道",导致了违法犯罪。除了刑事案件,高校的盗窃或诈骗等案件也是常见的,其中内盗占盗窃案的80%以上,有些学生潜意识里觉得自己的小偷小摸没有人会知道,被抓也不是什么大不了的事,所以铤而走险,一旦被抓,就触犯法律。可见,当前大学生的法律意识水平还很低,违法犯罪的大学生多数都是法律知识贫乏,法治观念淡薄,不懂法、不守法和不会用法。

为此,加强大学生法律意识教育,高等院校具有义不容辞的责任。一年一度的"12·4"全国宪法宣传日就是为了提高全民的法治意识。然而,如何注重大学生的法律意识培养呢?

一、要着眼于实效教学,增强法律意识

法律基础课不仅仅是传授法律知识,掌握法律武器,提高思想政治和品德教育水平,最重要的是要让学生养成独立思考的习惯,在不自觉中培养自身的法律意识。教学中要切实树立"学生是主体,教师是主导"的观念,提高课堂教学质量,丰富教学内容,增强教学的说服力和吸引力,想方设法调动学生学习的积极性和主动性,以提高学生法律意识为目的,采取多形式、多内容的方法开展教学,使学生由被动接受转化为积极主动的求学。尽可能地开展不同层次、不同程度的法律知识教育专题讲座和报告,开展生动的案例教学法、以案说法、以案解法、法案结合等形式的课堂教学,组织学生进行案例分析和讨论,让师生互相交流,学生能充分参与、平等对话,从而增强学生学习的积极性和有效性。

二、要强化心理健康教育,增强法律意识

大学生违法犯罪是因为法律意识贫乏,而法律意识的缺陷是由于其心理发展不成熟。心理健康教育使大学生掌握了基本的心理健康知识,具有较强的意志力、稳定的情绪、乐观向上的进取精神,从而抵制各种不良风气的影响,增强自身的法治观念。事实证明,现今的大学生中有一少部分人是有心理障碍的,其中以焦虑不安、神经衰弱、强迫症等为主。就成都高校而言,每年都有多名学生自杀死亡的例子。而有的大学生犯罪的主要原因是因家庭、社会及自我心理调节能力低下,家庭过高的期望值与自身能力差异所产生的压力,或是因感情受挫而自卑不满,找不到正确的方式排解,久而久之,就不可避免地通过犯罪的方式而释放出来。

2004年发生的"马加爵事件"就是一个鲜明的案例。马加爵是一个有人格障碍的人:一方面他表现得性格内向、孤僻,不爱与人打交道;另一方面他又表现出有攻击性质的人格分裂,平时很压抑,当遇上某些事情的时候,就有可能爆发。因此,高校要完善和重视心理咨询机构,通过积极开展心理咨询业务来引导大学生开发潜能,完善人格,注重心理健康;对于直接管理学生工作的辅导员、班主任等应加强责任心,切实掌握本单位的思想重点人,对思想重点人要积极开展心理辅导、全程跟踪,帮助他们化解情绪、化解矛盾,培养良好的心理素质,增强其自我调节、自我控制的能力,从而增强他们的法律意识,消除安全隐患。

三、要加强法律知识宣传,营造法律意识提升的良好环境

提高法律素养要重视法律文明建设,大力加强法治宣传,努力营造有益的法治文明氛围,促进法律知识与法治文明的相互渗透与融合,促使当代大学生养成包含法律素养的思维方式和行为习惯。大学生法律素养的形成与整个社会的法律环境有着十分重要的关联。要努力优化法律环境,有法必依,切实维护法律尊严;又要十分注重法律在现实生活中的运行,真正做到执法必严、违法必究,不屈服于特权,努力消除司法腐败。"十八大"以来,党中央相继打了多名省部级"大老虎",拍了很多"苍蝇",这些都说明了党治理腐败犯罪的决心,说明了中国切实推行依法治国,证实了在法律面前人人平等,不管任何人,无论职务高低,只要触犯了法律就会受到法律的制裁,充分突出了法律的权威和尊严,提供了良好的社会大环境。为此,高校要尽可能地开展不同层次、不

同程度的法律知识宣传教育,使大学校园形成一种学法、守法、用法的氛围,让大学生自觉地融入学法守法的环境中去,以利于遵纪守法和法律意识的提升。

第二节 常见的违法犯罪行为

学法、知法、懂法、守法,是现代法治社会对每个公民的要求。大学生是国家的栋梁、民族的希望,是社会主义现代化事业的建设者和接班人。只有认真学习和掌握相关的法律法规,从违法犯罪案例中吸取教训,增强法治安全意识,才能遵纪守法和为建设平安和谐的社会尽自己之力。

一、盗窃罪

《中华人民共和国刑法》(以下简称《刑法》)第二百六十四条:盗窃公私财物,数额较大或者多次盗窃的,处三年以下有期徒刑、拘役或者管制,并处或者单处罚金,数额巨大或者有其他严重情节的,处三年以上十年以下有期徒刑,并处罚金;数额特别巨大或者有其他严重情节的,处十年以上有期徒刑或者无期徒刑,并处罚金或者没收财产。

《最高人民法院 最高人民检察院关于办理盗窃刑事案件适用法律若干问题的解释》(以下简称《解释》)已于2013年3月8日由最高人民法院审判委员会第1571次会议、2013年3月18日由最高人民检察院第12届检察委员会第1次会议通过,自2013年4月4日起施行。

(1) 明确关于盗窃财物"数额较大""数额巨大""数额特别巨大"的标准。《解释》在充分考虑我国经济社会发展状况和国民收入增长情况的基础上,结合盗窃犯罪的社会危害,明确了盗窃财物"数额较大""数额巨大""数额特别巨大"的标准。与1998年制定的《解释》相比,数额标准均有所提高。《解释》第一条第一款规定,盗窃公私财物价值一千元至三千元以上、三万元至十万元以上、三十万元至五十万元以上的,应当分别认定为《刑法》第二百六十四条规定的"数额较大""数额巨大""数额特别巨大"。

(2) 明确关于盗窃财物"数额较大"标准的特别规定。《解释》第二条规定,具有"曾因盗窃受过刑事处罚""一年内曾因盗窃受过行政处罚""组织、控制未成年人盗窃""自然灾害、事故灾害、社会安全事件等突发事件期间,在事件发生地盗窃""盗窃残疾人、孤寡老人、丧失劳动能力人的财物""在医院盗窃病人或者其亲友财物""盗窃救灾、抢险、防汛、优抚、扶贫、移民、救济款物""因盗窃造成严重后果"等八种情形之一的,盗窃公私财物"数额较大"的标准可以按照《解释》第一条规定标准的百分之五十确定。

(3) 明确关于"多次盗窃""入户盗窃""携带凶器盗窃""扒窃"的认定。《中华人民共和国刑法修正案(八)》将"入户盗窃""携带凶器盗窃""扒窃"规定为盗窃犯罪的定罪标准。《解释》在充分领会立法精神的前提下,结合审判实践情况和相关司法解释的规定以及有关方面意见,从准确适用法律的角度对这三类行为进行了界定。《解释》第三条规定,在公共场所或者公共交通工具上盗窃他人随身携带的财物的,应当认定为"扒窃",不要求必须盗窃贴身携带的财物才构成犯罪。对于非法进入他人家庭生活,与外界相对隔离的住所盗窃的,应当认定为"入户盗窃"。《解释》将"携带凶器盗窃"界定为"携带枪支、爆炸物、管制刀具等国家禁止个人携带的器械盗窃,或者为了实施违法犯罪携带其他足以危害他人人身安全的器械盗窃"。对于"多次盗窃",《解释》根据《中华人民共和国刑法修正案(八)》的规定,结合司法实践情况,将其调整为"二年内盗窃三次以上",加大了打击力度。

(4) 明确关于盗窃情节轻微可不起诉或者免除处罚的规定。盗窃犯罪案件数量多,情形复杂,在办理盗窃犯罪案件中必须注意区别对待,切实贯彻宽严相济刑事政策。《解释》第七条充分体现了这一政策要求,规定对于盗窃公私财物虽达到"数额较大"标准,但行为人认罪、悔罪、退赃、退赔,并具有法定从宽处罚情节、没有参与分赃或者获赃较少且不是主犯、被害人谅解及其他轻微情节的,可以不起诉或者免予刑事处罚。对于不构成犯罪而确有处罚必要的,由有关部门予以行政处罚。《解释》第八条规定:偷拿家庭成员或者近亲属的财物,获得谅解的,一般可不认为是犯罪;追究刑事责任的,应当酌情从宽。

(5) 明确关于盗窃未遂的处理。盗窃未遂情节严重的,尽管没有实际窃取到公私财物,但是仍然具有严重的社会危害性,应当定罪处罚,这是《刑法》相关规定的要求,也是保障人民群众人身财产安全的需要。《解释》第十二条规定,盗窃未遂,但是以数额巨大的财物、珍贵文物为盗窃目标或者具有其他情节严重的情形的,应当依法追究刑事责任。对于盗窃既有既遂又有未遂情形的,《解释》第十二条第二款规定:盗窃既有既遂,又有未遂,分别达到不同量刑幅度的,依照处罚较重的规定处罚;达到同一量刑幅度的,以盗窃罪既遂处罚。

(6) 明确关于单位组织、指使盗窃的处理。司法实践中,以单位形式组织、指使员工盗窃的行为时有发生,如一些公司、企业组织指使员工盗窃国家电力的行为,近年来不断增多。《解释》第十三条规定,单位组织、指使盗窃,符合刑法第二百六十四条及本《解释》有关规定的,以盗窃罪追究组织者、指使者、直接实施者的刑事责任。

(7)明确关于罚金刑的规定。盗窃犯罪是侵犯财产权的犯罪,罚金刑的适用是惩治此类犯罪的重要刑罚手段之一。《解释》第十四条规定:因犯盗窃罪,依法判处罚金刑的,应当在一千元以上盗窃数额的二倍以下判处罚金;没有盗窃数额或者盗窃数额无法计算的,应当在一千元以上十万元以下判处罚金。

《四川省高级人民法院 四川省人民检察院 四川省公安厅关于我省盗窃罪数额执行标准的通知》(以下简称《通知》)规定如下:

(1)个人盗窃公私财物,"数额较大"的,农村县(包括市郊县)以 700 元为标准,城市(包括省辖市市区、直辖市和省辖县级市的城区,下同)以 1 000 元为标准。

(2)个人盗窃公私财物,"数额巨大"的,农村以 7 000 元为标准,城市以 10 000 元为标准。

(3)个人盗窃公私财物,"数额特别巨大"的,以 50 000 元为标准。

(4)本《通知》从文到之日起执行。本《通知》执行后尚未办结的盗窃案件,依照本《通知》规定执行;已审结的案件不再变动;过去我省有关盗窃罪的规定与本《通知》不一致的,不再适用。

二、诈骗罪

1998 年 8 月 28 日,川高法〔1998〕82 号颁布:根据《中华人民共和国刑法》第二百六十六条、第二百六十七条规定,结合四川省经济发展和社会治安状况,现对诈骗罪数额执行标准做如下规定:

(1)个人诈骗公私财物"数额较大"以二千元为标准;

(2)个人诈骗公私财物"数额巨大"以四万元为标准;

(3)个人诈骗公私财物"数额特别巨大"以二十万元为标准。

诈骗罪的立案标准可刑事诉讼附带民事诉讼。依照《中华人民共和国刑事诉讼法》第七十七条的规定,被害人因诈骗犯罪行为遭受物质损失而提起附带民事诉讼的,人民法院应予受理。

三、抢劫罪

抢劫是指以暴力、胁迫或者其他方法抢劫公私财物的行为。《刑法》第二百六十三条规定：

以暴力、胁迫或者其他方法抢劫公私财物的，处 3 年以上 10 年以下有期徒刑，并处罚金；有下列情形之一的，处 10 年以上有期徒刑、无期徒刑或者死刑，并处罚金或者没收财产：

（一）入户抢劫的；（二）在公共交通工具上抢劫的；（三）抢劫银行或者其他金融机构的；（四）多次抢劫或者抢劫数额巨大的；（五）抢劫致人重伤、死亡的；（六）冒充军警人员抢劫的；（七）持枪抢劫的；（八）抢劫军用物资或者抢险、救灾、救济物资的。

最高人民法院关于审理抢劫案件具体应用法律若干问题的解释如下：
为依法惩处抢劫犯罪活动，根据《刑法》的有关规定，现就审理抢劫案件具体应用法律的若干问题解释如下：

第一条 《刑法》第二百六十三条第（一）项规定的"入户抢劫"，是指为实施抢劫行为而进入他人生活的与外界相对隔离的住所，包括封闭的院落、牧民的帐篷、渔民作为家庭生活场所的渔船、为生活租用的房屋等进行抢劫的行为。对于入户盗窃，因被发现而当场使用暴力或者以暴力相威胁的行为，应当认定为入户抢劫。

第二条 刑法第二百六十三条第（二）项规定的"在公共交通工具上抢劫"，既包括在从事旅客运输的各种公共汽车，大、中型出租车，火车，船只，飞机等正在运营中的机动公共交通工具上对旅客、司售、乘务人员实施的抢劫，也包括对运行途中的机动公共交通工具加以拦截后，对公共交通工具上的人员实施的抢劫。

第三条 刑法第二百六十三条第（三）项规定的"抢劫银行或者其他金融机构"，是指抢劫银行或者其他金融机构的经营资金、有价证券和客户的资金等。抢劫正在使用中的银行或者其他金融机构的运钞车的，也视为"抢劫银行或者其他金融机构"。

第四条 刑法第二百六十三条第（四）项规定的"抢劫数额巨大"的认定标准，参照各地确定的盗窃罪数额巨大的认定标准执行。

第五条 刑法第二百六十三条第（七）项规定的"持枪抢劫"，是指行为人使用枪支或者向被害人显示持有、佩带的枪支进行抢劫的行为。"枪支"的概念和范围,适用《中华人民共和国枪支管理法》的规定。

第六条 刑法第二百六十七条第二款规定的"携带凶器抢夺",是指行为人随身携带枪支、爆炸物、管制刀具等国家禁止个人携带的器械进行抢夺或者为了实施犯罪而携带其他器械进行抢夺的行为。

在校大学生陈某在网上看到一则他人利用租房名义进入被害人房间进行抢劫的案例,便模仿此类手法实施犯罪。2011年10月31日,陈某在上网时发现有一女孩在网上发布求合租房的信息,并且留有电话号码。由此陈某萌生了实施此种抢劫行为的想法。

陈某给被害人发信息,欺骗被害人说替其妹妹租房,在获取被害人的信任后,与被害人约好看房时间。2011年11月1日晚,在与被害人见面后,陈某与被害人一同来到其居住的房间。在假装看房子的过程中,陈某用暴力手段控制受害人,用手机强行拍下被害人裸照,将被害人钱包内的现金人民币1670元及银行卡等物品抢走。

2012年2月27日,江西省九江市浔阳区人民法院一审以抢劫罪判处被告人陈某有期徒刑10年,并处罚金1万元,剥夺政治权利1年。

四、侵犯公民人身权利罪

(一)故意杀人罪与故意伤害罪

(1)故意杀人罪所保护的法益是人的生命权。刑法不保护动物的生命权,之所以保护大熊猫,是因为这里所保护的是人类资源多样性的权利,而不是大熊猫的生命权。

(2)故意杀人与故意伤害的犯罪对象是人。

(3)杀人行为的方式——作为与不作为。注意:不作为的杀人方式,必须是在被害人的生命权有紧迫危险的时候。

(4)自杀关联罪的问题:

①相约自杀,即两人及以上相互约定自愿共同自杀的行为。如果相约双方

均自杀身亡,不存在刑事责任问题;如果相约双方各自实施自杀行为,其中一方死亡,另一方自杀未遂,未遂一方也不负刑事责任;如果相约自杀,由其中一方杀死对方,继而自杀未遂的,应以故意杀人罪论处,但量刑时可以从轻处罚。

②引起他人自杀,即行为人所实施的某种行为引起他人自杀身亡。

③教唆或帮助自杀。教唆自杀,是指行为人故意用引诱、怂恿、欺骗等方法,使他人产生自杀意图。以相约自杀为名诱骗他人自杀的,也是一种教唆自杀的行为。

(5) 故意伤害罪所侵害的法益——健康权指身体的完整性和生理机能的正常运行。

注意:如果仅仅侵害了身体的完整性,而没有侵害生理机能的正常运行,这时不能评价为故意伤害,如把别人的头发剪掉,又如偷抽他人的血,未损害健康的,定盗窃罪。

(6) 故意伤害中的"故意":

①仅仅指追求轻伤故意和追求重伤故意,不包含轻微伤故意。仅具有殴打意图,只是希望或者放任造成被害人暂时的肉体疼痛或者轻微的神经刺激,则不能认定有伤害故意。

②如果行为人对自己的伤害行为会给被害人造成何种程度的伤害,事先没有明确的认知,按照结果来认定。

(7) 故意伤害罪的结果加重犯:故意伤害甲,结果造成乙的死亡,也可以构成加重结果。对故意伤害的加重结果,虽然是过失,但也要承担加重责任。

(8) 故意杀人罪未遂,故意伤害罪、故意杀人罪既遂与故意伤害罪(致人死亡)相互之间的区别在于看是否使用了致命武器、致命力度,是否打击的是致命部位。

(二) 强奸罪

(1) 强奸罪的本质是违背妇女意志,强行发生非法的性关系。

(2) 犯罪对象是妇女、不满十四周岁的幼女。

(3) 行为方式中"暴力、胁迫或其他手段"指达到致使被害妇女不能、不敢、不知反抗的状态。暴力、胁迫手段必须达到使妇女明显难以反抗的程度。其他手段如趁被害妇女熟睡、重病、晕倒,冒充被害妇女的丈夫、情人,迷奸。

(4) 违背妇女的意志指必须是行为人认识到妇女不同意,且被害妇女确实不同意,两个条件缺少一个就不成立。

五、聚众斗殴罪

聚众斗殴罪的客观方面表现为纠集众人结伙殴斗的行为。聚众斗殴主要是指出于私仇、争霸或者其他不正当目的而成伙结帮地殴斗。聚众,一般是指人数众多,至少为3人;斗殴,主要是指采用暴力相互搏斗,但使用暴力的方式各有所别。聚众斗殴多表现为流氓团伙之间互相斗殴,少则几人、十几人,多则几十人、上百人,他们往往是约定时间、地点,拿刀动棒,大打出手,而且往往造成伤亡和社会秩序的混乱,是一种严重影响社会公共秩序的恶劣犯罪行为。斗殴起因或为争夺势力范围,或为哥们出气进行报复,或为争夺异性发生矛盾等,总之是要显示自己一伙人的"威风""煞气",压倒对方,而置公共秩序于不顾。

《刑法》中对聚众斗殴罪的规定如下:

> 第二百九十二条　犯聚众斗殴罪的,对首要分子和其他积极参加的,处三年以下有期徒刑、拘役或者管制;有下列情形之一的,对首要分子和其他积极参加的,处三年以上十年以下有期徒刑:
> (一) 多次聚众斗殴的;
> (二) 聚众斗殴人数多、规模大、社会影响恶劣的;
> (三) 在公共场所或者交通要道聚众斗殴,造成社会秩序严重混乱的;
> (四) 持械聚众斗殴的。
> 聚众斗殴,致人重伤、死亡的,依照本法第二百三十四条、第二百三十二条的规定定罪处罚。

2011年1月10日晚上,某高校大学生刘某某接受同学宴请,去某火锅店喝酒,喝到10点左右,同席的陈某某到外面接了个电话后,回来对一起喝酒刘某某等说:"过会咱们去城北垃圾站站站场子,那里有打架的。"刘某某出于哥们义气,心想反正不参与打架,只站站场子,就一同去了。等李某某去了后,发现对方10多个人都拿着刀朝他们冲来,遂逃离现场。

2011年1月24日,刘某某被公安机关取保候审。2011年9月7日,日照市东港区人民检察院以刘某某等人构成聚众斗殴罪向东港区人民法院提起公诉。援助律师以刘某某作案时系未成年人、初犯、自愿认罪、悔罪态度好为刘某某辩护,请求人民法院对刘某某从轻、减轻处罚或免于刑事处罚。东港区人民法院采纳了援助律师的辩护意见,从轻判处刘某某有期徒刑二年,缓刑三年。

六、网络犯罪

我国互联网管理相关法律法规有《全国人民代表大会常委会关于维护互联网安全的决定》和《刑法》。《刑法》中第一百零五条规定:"组织、策划、实施颠覆国家政权,推翻社会主义制度的……处无期徒刑或者十年以上有期徒刑;对积极参加的,处三年以上十年以下有期徒刑;对其他参加的,处三年以下有期徒刑、拘役、管制或者剥夺政治权利。"

第三百六十三条规定:"……制作、复制、出版、贩卖、传播淫秽物品的,处三年以下有期徒刑、拘役或者管制,并处罚金……"

第三百六十四条规定:"利用传播淫秽的书刊、影片、音像、图片或者其他淫秽物品,情节严重的,处两年以下有期徒刑、拘役或者管制。"

(1) 在网上浏览、保存、传播反动、淫秽等有害信息。

2003年某高校一名研究生,私设FTP网站,该网站上存有并供他人下载境外出版的反动电子书籍,被查处受到严厉处分。还有一名本科生开设网站并为他人提供刻录光盘服务,传播反动录像和淫秽录像图片,被查处后依法进行了处理,不能正常毕业。

(2) 在互联网上泄露国家秘密。

成都某重点高校一名本科生,其父是某部队的高级工程师,担任领导职务,该生在家中听到一些军事装备研究、生产的信息,便自作聪明,将这些信息在网上贴文章泄露,危害了国家安全,经查实父子均受到严厉处罚。

(3) 在互联网各类交互式栏目上转贴有害文章,散布制造谣言,夸大事实煽动闹事。

FULU
附录

附录 A 普通高等学校学生安全教育及管理暂行规定

第一章 总则

第一条 为了加强高等学校管理，维护正常的教学和生活秩序，保障学生人身和财物的安全，促进身心健康发展，特制定本暂行规定。

第二条 高等学校学生安全教育及管理的主要任务是，宣传、贯彻国家有关安全管理工作的方针、政策、法律、法规，对学生实施安全教育及管理，妥善处理各类安全事故，引导学生健康成长。

第三条 高等学校学生安全教育及管理，要以预防为主，本着保护学生、教育先行、明确责任、教管结合、实事求是、妥善处理的原则，做好教育、管理和处理工作。

第四条 本暂行规定所称学生指在普通高等学校学习取得学籍的全日制学生，即按国家任务、用人单位委托培养、自费三种计划形式录取的学生。

第二章 安全教育

第五条 高等学校应将对学生进行安全教育作为一项经常性工作，列入学校工作的重要议事日程，加强领导。学校各部门和有关群众团体或组织要相互配合，积极开展安全教育，普及安全知识。增强学生的安全意识和法制观念，提高防范能力。

第六条 学生安全教育应根据不同专业及青年学生的特点，从学生入学到毕业，在各种教学活动和日常生活中，特别是节假日前适时进行，并善于利用发生的安全事故教育学生，防患于未然。学校应根据环境、季节及有关规定进行防盗、防火、防特、防病、防事故等方面的教育，并使之经常化、制度化。

第七条 高等学校对学生进行安全教育须注重心理疏导，加强思想政治工作，教育学生注意保持健康的心理状态，帮助学生克服各种原因造成的心理障碍，把事故消除在萌芽状态。

第三章 安全管理

第八条 高等学校要做好学生日常安全管理工作，加强安全防范，建立和健全规章制度，严格管理。学校要把安全教育及管理工作纳入领导任期的责任目标，落实到年级班主任。学校应由一名校领导主要负责。

第九条 高等学校应确定学生安全教育及管理工作的主管部门。明确其职责,具体组织实施安全教育及其管理工作。各有关部门应分工协作,积极配合。

第十条 全体教职工要从关心学生、爱护学生出发,树立安全思想,努力做好本职工作和改善环境条件,保护学生人身和财产安全。

第十一条 学生发生意外事故以及学生要求保护人身或财物安全等情况时,学校应迅速采取有效措施。

第十二条 学生必须严格遵守国家法律、法规和学校各项规章制度,注意自身的人身和财物安全,防止各种事故的发生。

第十三条 学生在日常教学及各项活动中,应遵守纪律和有关规定,听从指导,服从管理;在公共场所,要遵守社会公德,增强安全防范意识,提高自我保护能力。

第十四条 学生组织集体课外活动,须经学校同意,按学校规定进行。学校须认真进行安全审查,条件不具备时不得批准。

第十五条 学生应严格遵守宿舍管理的规定,自觉维护宿舍的安全与卫生,提高自我管理能力。

第十六条 发现刑事、治安案件或交通、灾害等事故,在场学生应保护现场,及时报告学校或公安部门并协助处理。在学校范围内的,学校应迅速采取措施,控制事态发展,减轻伤害和损失。

第四章 事故处理

第十七条 学生人身和财产发生一般伤害后,学校要及时调查处理,根据当事人或他人的过错,责令其赔偿损失,并给予批评教育或相应行政、纪律处分。在校园内,发生学生非正常死亡、重伤和被窃、失火等造成财产重大损害事故后,学校应迅速采取措施进行抢救、保护现场,同时加强思想政治工作,稳定情绪,恢复秩序,并协同地方有关部门妥善处理。

第十八条 学校对事故调查后认为涉及追究刑事责任的,要及时与公安部门联系,协助调查处理。重大事故学校有关领导应亲自参调查工作,并认真研究调查报告,及时处理。

第十九条 在安全管理或事故处理过程中,学校认为有必要需搜查学生住处,须报请公安部门依法进行。调查处理案件中以事实为依据,不得逼供或诱供。

第二十条 重大事故发生后,学校应在一天内向所在省、直辖市、自治区有关主管部门报告,并及时通知学生家长。事故处理结束后一周内书面报告有关主管部门。

第二十一条 学生在教学、实习过程与日常生活中,因学校或有关单位责任发生死亡、重伤或残疾,由学校或有关单位承担责任,做好处理及善后工作。在教学、实习过程与日常生活中,学生因不遵守纪律或不按要求活动而发生意外事故,学校不承担责任。

第二十二条 因忽视安全生产,管理不善,工作不负责,违章指挥,玩忽职守,徇私舞弊等对学生造成严重的人身、财物损害的,由其所在单位或上级主管部门,视具体情况对有关责任人员分别给予责令检查、赔偿损失、行政处分,直至依法追究刑事责任。

第二十三条 学生未经批准擅自离校不归发生意外事故的,学校不承担责任。对擅自离校不归,学校不知去向的学生,学校应及时寻找并报告当地公安部门,及时通知学生家长。半月不归且未说明原因者,学校可张榜公布,按自动退学除名。

第二十四条 学生假期或办理离校手续后发生意外事故的,学校不承担责任。

第二十五条 在校内正常生活及由学校在校外组织活动中,由于不能避免的原因或自然灾害而发生的事故,由学校视具体情况处理。

第二十六条 有条件的高等学校可为学生办理人身保险。

第二十七条 凡经学校指定的专业医院确诊为精神病、癫痫病患者的学生,应予退学,由其监护人员负责领回。学生及其监护人不得无理纠缠,扰乱学校教学、生活秩序。

第二十八条 因事故伤残的学生,经治疗后病情稳定,学校认为生活能自理,能坚持在校学习,可留校继续学习;不能坚持在校学习者,应予退学,由学校按其实际学习年限发给肄业证书,并根据事故性质和伤残程度一次性给予适当经济补助。退学学生回其监护人所在地,当地民政等有关部门应协助做好接收、落户等工作,由当地劳动部门按国家关于残疾人劳动就业有关规定安置。

第二十九条 学生因病死亡和责任不由学校承担的意外死亡,学校不承担丧葬费。如家庭确有困难者,学校可酌情予以一次性经济补助。

第三十条 因责任不在本人的意外死亡学生,由学校或有关单位参照国家关于事业单位职工死亡丧葬有关规定处理,负担丧葬费的全部,学校可一次性给予适当经济补助。无论何种情况(事故)给予的经济补助,一般不超过国家规定的学生在校期间(以四年计)的平均奖学金数。凡是事故责任由学校以外的其他单位、个人承担的,学校不再给予经济补助。

第三十一条　因保护国家财产和他人人身安全,见义勇为而致残或英勇牺牲的学生,学校应报请所在省、自治区、直辖市人民政府授予荣誉称号,并给予相应的待遇。

第三十二条　对事故处理不服或持有异议者,可向学校或学校上一级部门申诉,或者依法向人民法院提起民事诉讼。

第五章　附则

第三十三条　普通高等学校研究生事故处理,参照本办法执行。

第三十四条　本暂行规定结合《普通高等学校学生管理规定》《高等学校校园秩序管理若干规定》执行。

第三十五条　各省、自治区、直辖市教育行政部门和各高等学校可根据本暂行规定制定实施细则。

第三十六条　本暂行规定由教育部解释。

第三十七条　本暂行规定自发布之日起试行。

附录 B　学生伤害事故处理办法

第一章　总则

第一条　为积极预防、妥善处理在校学生伤害事故,保护学生、学校的合法权益,根据《中华人民共和国教育法》《中华人民共和国未成年人保护法》和其他相关法律、行政法规及有关规定,制定本办法。

第二条　在学校实施的教育教学活动或者学校组织的校外活动中,以及在学校负有管理责任的校舍、场地、其他教育教学设施、生活设施内发生的,造成在校学生人身损害后果的事故的处理,适用本办法。

第三条　学生伤害事故应当遵循依法、客观公正、合理适当的原则,及时、妥善地处理。

第四条　学校的举办者应当提供符合安全标准的校舍、场地、其他教育教学设施和生活设施。

教育行政部门应当加强学校安全工作,指导学校落实预防学生伤害事故的措施,指导、协助学校妥善处理学生伤害事故,维护学校正常的教育教学秩序。

第五条　学校应当对在校学生进行必要的安全教育和自护自救教育；应当按照规定，建立健全安全制度，采取相应的管理措施，预防和消除教育教学环境中存在的安全隐患；当发生伤害事故时，应当及时采取措施救助受伤害学生。

学校对学生进行安全教育、管理和保护，应当针对学生年龄、认知能力和法律行为能力的不同，采用相应的内容和预防措施。

第六条　学生应当遵守学校的规章制度和纪律；在不同的受教育阶段，应当根据自身的年龄、认知能力和法律行为能力，避免和消除相应的危险。

第七条　未成年学生的父母或者其他监护人（以下称为监护人）应当依法履行监护职责，配合学校对学生进行安全教育、管理和保护工作。

学校对未成年学生不承担监护职责，但法律有规定的或者学校依法接受委托承担相应监护职责的情形除外。

第二章　事故与责任

第八条　学生伤害事故的责任，应当根据相关当事人的行为与损害后果之间的因果关系依法确定。

因学校、学生或者其他相关当事人的过错造成的学生伤害事故，相关当事人应当根据其行为过错程度的比例及其与损害后果之间的因果关系承担相应的责任。当事人的行为是损害后果发生的主要原因，应当承担主要责任；当事人的行为是损害后果发生的非主要原因，承担相应的责任。

第九条　因下列情形之一造成的学生伤害事故，学校应当依法承担相应的责任：

（一）学校的校舍、场地、其他公共设施，以及学校提供给学生使用的学具、教育教学和生活设施、设备不符合国家规定的标准，或者有明显不安全因素的；

（二）学校的安全保卫、消防、设施设备管理等安全管理制度有明显疏漏，或者管理混乱，存在重大安全隐患，而未及时采取措施的；

（三）学校向学生提供的药品、食品、饮用水等不符合国家或者行业的有关标准、要求的；

（四）学校组织学生参加教育教学活动或者校外活动，未对学生进行相应的安全教育，并未在可预见的范围内采取必要的安全措施的；

（五）学校知道教师或者其他工作人员患有不适宜担任教育教学工作的疾

病,但未采取必要措施的;

(六)学校违反有关规定,组织或者安排未成年学生从事不宜未成年人参加的劳动、体育运动或者其他活动的;

(七)学生有特异体质或者特定疾病,不宜参加某种教育教学活动,学校知道或者应当知道,但未予以必要的注意的;

(八)学生在校期间突发疾病或者受到伤害,学校发现,但未根据实际情况及时采取相应措施,导致不良后果加重的;

(九)学校教师或者其他工作人员体罚或者变相体罚学生,或者在履行职责过程中违反工作要求、操作规程、职业道德或者其他有关规定的;

(十)学校教师或者其他工作人员在负有组织、管理未成年学生的职责期间,发现学生行为具有危险性,但未进行必要的管理、告诫或者制止的;

(十一)对未成年学生擅自离校等与学生人身安全直接相关的信息,学校发现或者知道,但未及时告知未成年学生的监护人,导致未成年学生因脱离监护人的保护而发生伤害的;

(十二)学校有未依法履行职责的其他情形的。

第十条　学生或者未成年学生监护人由于过错,有下列情形之一,造成学生伤害事故,应当依法承担相应的责任:

(一)学生违反法律法规的规定,违反社会公共行为准则、学校的规章制度或者纪律,实施按其年龄和认知能力应当知道具有危险或者可能危及他人的行为的;

(二)学生行为具有危险性,学校、教师已经告诫、纠正,但学生不听劝阻、拒不改正的;

(三)学生或者其监护人知道学生有特异体质,或者患有特定疾病,但未告知学校的;

(四)未成年学生的身体状况、行为、情绪等有异常情况,监护人知道或者已被学校告知,但未履行相应监护职责的;

(五)学生或者未成年学生监护人有其他过错的。

第十一条　学校安排学生参加活动,因提供场地、设备、交通工具、食品及其他消费与服务的经营者,或者学校以外的活动组织者的过错造成的学生伤害事故,有过错的当事人应当依法承担相应的责任。

第十二条　因下列情形之一造成的学生伤害事故,学校已履行了相应职责,行为并无不当的,无法律责任:

（一）地震、雷击、台风、洪水等不可抗的自然因素造成的；

（二）来自学校外部的突发性、偶发性侵害造成的；

（三）学生有特异体质、特定疾病或者异常心理状态，学校不知道或者难于知道的；

（四）学生自杀、自伤的；

（五）在对抗性或者具有风险性的体育竞赛活动中发生意外伤害的；

（六）其他意外因素造成的。

第十三条　下列情形下发生的造成学生人身损害后果的事故，学校行为并无不当的，不承担事故责任；事故责任应当按有关法律法规或者其他有关规定认定：

（一）在学生自行上学、放学、返校、离校途中发生的；

（二）在学生自行外出或者擅自离校期间发生的；

（三）在放学后、节假日或者假期等学校工作时间以外，学生自行滞留学校或者自行到校发生的；

（四）其他在学校管理职责范围外发生的。

第十四条　因学校教师或者其他工作人员与其职务无关的个人行为，或者因学生、教师及其他个人故意实施的违法犯罪行为，造成学生人身损害的，由致害人依法承担相应的责任。

第三章　事故处理程序

第十五条　发生学生伤害事故，学校应当及时救助受伤害学生，并应当及时告知未成年学生的监护人；有条件的，应当采取紧急救援等方式救助。

第十六条　发生学生伤害事故，情形严重的，学校应当及时向主管教育行政部门及有关部门报告；属于重大伤亡事故的，教育行政部门应当按照有关规定及时向同级人民政府和上一级教育行政部门报告。

第十七条　学校的主管教育行政部门应学校要求或者认为必要，可以指导、协助学校进行事故的处理工作，尽快恢复学校正常的教育教学秩序。

第十八条　发生学生伤害事故，学校与受伤害学生或者学生家长可以通过协商方式解决；双方自愿，可以书面请求主管教育行政部门进行调解。

成年学生或者未成年学生的监护人也可以依法直接提起诉讼。

第十九条　教育行政部门收到调解申请，认为必要的，可以指定专门人员进行调解，并应当在受理申请之日起 60 日内完成调解。

第二十条　经教育行政部门调解，双方就事故处理达成一致意见的，应当在调解人员的见证下签订调解协议,结束调解;在调解期限内,双方不能达成一致意见,或者调解过程中一方提起诉讼,人民法院已经受理的,应当终止调解。

调解结束或者终止,教育行政部门应当书面通知当事人。

第二十一条　对经调解达成的协议,一方当事人不履行或者反悔的,双方可以依法提起诉讼。

第二十二条　事故处理结束,学校应当将事故处理结果书面报告主管的教育行政部门;重大伤亡事故的处理结果,学校主管的教育行政部门应当向同级人民政府和上一级教育行政部门报告。

第四章　事故损害的赔偿

第二十三条　对发生学生伤害事故负有责任的组织或者个人,应当按照法律法规的有关规定,承担相应的损害赔偿责任。

第二十四条　学生伤害事故赔偿的范围与标准,按照有关行政法规、地方性法规或者最高人民法院司法解释中的有关规定确定。

教育行政部门进行调解时,认为学校有责任的,可以依照有关法律法规及国家有关规定,提出相应的调解方案。

第二十五条　对受伤害学生的伤残程度存在争议的,可以委托当地具有相应鉴定资格的医院或者有关机构,依据国家规定的人体伤残标准进行鉴定。

第二十六条　学校对学生伤害事故负有责任的,根据责任大小,适当予以经济赔偿,但不承担解决户口、住房、就业等与救助受伤害学生、赔偿相应经济损失无直接关系的其他事项。

学校无责任的,如果有条件,可以根据实际情况,本着自愿和可能的原则,对受伤害学生给予适当的帮助。

第二十七条　因学校教师或者其他工作人员在履行职务中的故意或者重大过失造成的学生伤害事故,学校予以赔偿后,可以向有关责任人员追偿。

第二十八条　未成年学生对学生伤害事故负有责任的,由其监护人依法承担相应的赔偿责任。

学生的行为侵害学校教师及其他工作人员以及其他组织、个人的合法权益,造成损失的,成年学生或者未成年学生的监护人应当依法予以赔偿。

第二十九条　根据双方达成的协议、经调解形成的协议或者人民法院的生效判决,应当由学校负担的赔偿金,学校应当负责筹措;学校无力完全筹措的,由学校的主管部门或者举办者协助筹措。

第三十条　县级以上人民政府教育行政部门或者学校举办者有条件的，可以通过设立学生伤害赔偿准备金等多种形式，依法筹措伤害赔偿金。

第三十一条　学校有条件的，应当依据保险法的有关规定，参加学校责任保险。

教育行政部门可以根据实际情况，鼓励中小学参加学校责任保险。

提倡学生自愿参加意外伤害保险。在尊重学生意愿的前提下，学校可以为学生参加意外伤害保险创造便利条件，但不得从中收取任何费用。

第五章　事故责任者的处理

第三十二条　发生学生伤害事故，学校负有责任且情节严重的，教育行政部门应当根据有关规定，对学校的直接负责的主管人员和其他直接责任人员，分别给予相应的行政处分；有关责任人的行为触犯刑律的，应当移送司法机关依法追究刑事责任。

第三十三条　学校管理混乱，存在重大安全隐患的，主管的教育行政部门或者其他有关部门应当责令其限期整顿；对情节严重或者拒不改正的，应当依据法律法规的有关规定，给予相应的行政处罚。

第三十四条　教育行政部门未履行相应职责，对学生伤害事故的发生负有责任的，由有关部门对直接负责的主管人员和其他直接责任人员分别给予相应的行政处分；有关责任人的行为触犯刑律的，应当移送司法机关依法追究刑事责任。

第三十五条　违反学校纪律，对造成学生伤害事故负有责任的学生，学校可以给予相应的处分；触犯刑律的，由司法机关依法追究刑事责任。

第三十六条　受伤害学生的监护人、亲属或者其他有关人员，在事故处理过程中无理取闹，扰乱学校正常教育教学秩序，或者侵犯学校、学校教师或者其他工作人员的合法权益的，学校应当报告公安机关依法处理；造成损失的，可以依法要求赔偿。

第六章　附　　则

第三十七条　本办法所称学校，是指国家或者社会力量举办的全日制的中小学（含特殊教育学校）、各类中等职业学校、高等学校。

本办法所称学生是指在上述学校中全日制就读的受教育者。

第三十八条　幼儿园发生的幼儿伤害事故，应当根据幼儿为完全无行为能力人的特点，参照本办法处理。

第三十九条　其他教育机构发生的学生伤害事故，参照本办法处理。

在学校注册的其他受教育者在学校管理范围内发生的伤害事故,参照本办法处理。

第四十条　本办法自 2002 年 9 月 1 日起实施,原国家教委、教育部颁布的与学生人身安全事故处理有关的规定,与本办法不符的,以本办法为准。

在本办法实施之前已处理完毕的学生伤害事故不再重新处理。